동아시아의 집단 기억과 한국 온라인 공간의 민족주의
: 탈경계 언술의 갈등과 공감

Collective Memory in East Asia and Korean Nationalism in Cyberspace
: Conflict and Empathy in Borderless Narratives

동아시아의 집단 기억과 한국 온라인 공간의 민족주의
: 탈경계 언술의 갈등과 공감

초판 1쇄 발행 2024년 8월 30일

지은이   김두진
펴낸이   윤관백
펴낸곳   선인
등 록   제5-77호(1998.11.4)
주 소   서울시 양천구 남부순환로48길 1, 1층
전 화   02)718-6252/6257
팩 스   02)718-6253
E-mail   suninbook@naver.com

정가 18,000원
ISBN 979-11-6068-907-5 93910

· 잘못된 책은 바꾸어 드립니다.

이 저서는 2019년 대한민국 교육부와 한국학중앙연구원(한국학진흥사업단)의 한국학 대형기획총서사업의 지원을 받아 수행된 연구임 (AKS-2019-KSS-1130002)

동아시아의 집단 기억과 한국 온라인 공간의 민족주의

탈경계 언술의 갈등과 공감 🔍

김두진

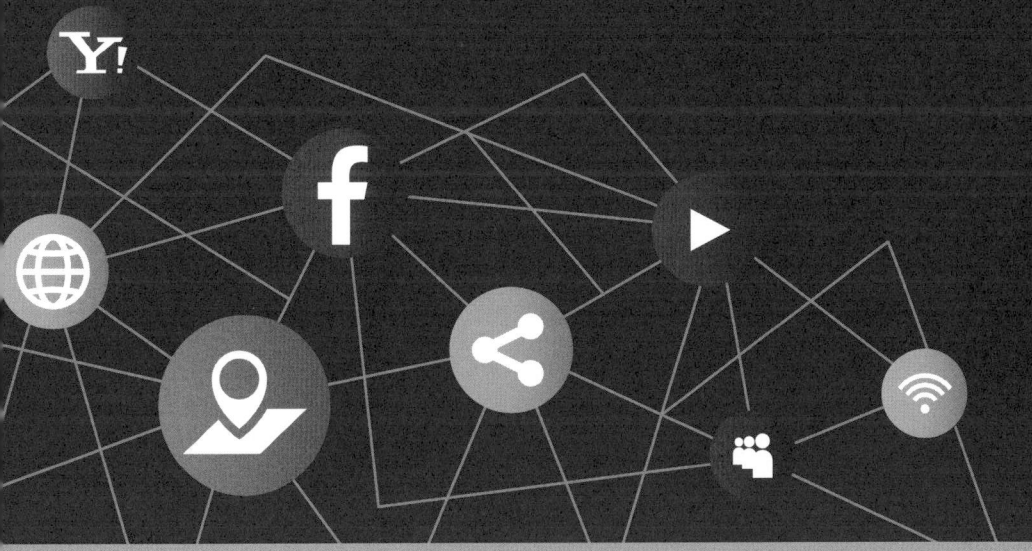

선인

학자로서 유럽의 영국, 프랑스, 독일에 10여 년 동안 머물게 된 것은 아무나 누리는 행운은 아니다. 박사과정 학생으로서 그리고 한국학 교수로 흔히 말하는 문화 수준이 높은 유럽 국가에 살게 된 것이다. 남들은 어떤 소회를 가질지 알 수 없으나, 필자에게는 이런 기회는 분명 축복의 시간이었다. 무엇보다 이들 세 나라를 여러 각도에서 비교 고찰한다는 것은 신이 주신 기회가 아닐 수 없다. 나아가 현대 세계사 속에 이들 국가의 문명에 견주어 '한국은 어떤 위상을 갖고 있는 것일까'라는 질문은 본능적인 것이었다.

2005년 시앙스 포에 있을 때 프랑스 인 조교 —현재 파리대 한국학 교수로 있다— 가 필자에게 프랑스에서의 Korean Wave의 가능성을 설명하려한 적이 있다. 당시 시앙스 포에서 막강한 위세를 선점한 일본학, 그리고 급부상하는 중국학에 비하면 이제 겨우 한국학 개설을 위한 첫 강의를 시도하려는 상황 속에서는 갸우뚱할 수밖에 없었다. 첫 학기 '한국의 정치경제' 강의를 준비하면서, 그때야 한국의 GDP가 세계 10위권이었음을 알게 되었다. 수치상으로 한국은 이미 선진국의 문턱에 들어서는 위상에 놓여 있었던 것이다. 대수롭지 않게 여기던 한류는 이제 세계 문화의 '우세종'이 되었다. K-pop은 미국의 빌보드와 비틀즈의 나라인 영국을 사로잡는 중이다.

프랑크푸르트대학에서 한국학에 유달리 관심이 많았던 한 독일 제자가 독일 지멘스사의 노트북에 불평하면서, 한국의 삼성 제품이 더 좋다며 칭송한 적이 있었다. 경험면에서 스스로 세계시민이라 자처하였음에도 불구하고 유럽 국가들에서의 학문적 삶은 필자를 점차 내면적으로는 '한국주의자'로 변모케 하였다. 영국의 다니엘 튜더Daniel Tudor는 자신의 저서 *Korea: the impossible country*에서 한국을 두고 "지구상에 존재하는 '불가능한 나라'"라고 표현했다. 필자의 개인적 견해로도 한국과 같은 나라가 세계사에 다시 탄생하는 일은 불가능하다고 본다.

최소한 정치학자는 민족주의 주제를 덥썩 물지 않는다. 민족주의의 글을 쓴다는 것은 자칫 '늪'에 빠지게 마련인 위험스런 일이다. 민족주의는 야수다. 그것은 철장에 가두어 두지 않으면 무슨 짓을 할지 모른다. 그것은 역사적으로 제국주의의 모습을 띠기도 하였다. 어느 학자는 전전戰前의 일본을 '학살의 제국'이라 칭하였다. 프랑스의 폴 부르제는 "생각하는 대로 살아야 한다. 그렇지 않으면 곧 사는 대로 생각하게 될 것이다"라 했다. 민족주의는 '사는대로 생각하게 되는' 사람들에게는 당연한 파생품일 것이다. EU에 가입했던 영국은 유로화 대신에 영국 파운드화를 고수했다. 그리고 급기야 브렉시트로 EU를 탈퇴하였다. 2024년 7월 프랑스 총선에서 마린 르펜의 국민연합(이전에는 국민전선)이 민족주의, 반이민, 반유럽연합 등을 내세워 제3당을 차지하게 되었다. 언젠가 마린 르펜Marine Le Pen이 대통령이 될 것이라는 예측이 난무하다.

필자는 먼저 민족주의를 '온라인 공간'이라는 범주와 연관 지어 연구하고자 하였다. 동아시아 국가는 영토, 역사, 문화 및 사회영역을 둘러싸고 빈번히 '과거의 과잉' 혹은 '기억의 과잉'에 휩싸이곤 하였다. 더군다나 온라인상의 민족주의는 기존 민족주의에 비해 돌발성, 편협성 및 배타성을 드러내었다. 한국, 일본, 중국 간에 민족주의 갈등의 깊은 곳에는 '역사' 전쟁과 '기억' 전쟁으로 점철되어 있다.

동아시아라는 범주를 논할 때, 프랑스의 앙드레 모루아André Maurois를 생각하게 된다. 그는 '영국사'와 '미국사'라는 성공적인 명저 이후 프랑스사를 집필토록 요청받았지만 거절하였다. 프랑스 역사를 객관적으로 서술하고 특히 현대사를 기술하는 데는 많은 제약이 따른다고 회신하였다. 그러나 그는 결국 프랑스사의 객관적 집필을 위해 미국, 아프리카 그리고 프랑스 세 군데를 옮겨 다니며 집필을 마치게 되었다. 이처럼 동아시아의 집단기억과 민족주의에 관해 얘기하려면 최소한 앙드레 모루아만큼의 지적 능력이 요구된다. 이러한 베이직basic한 재주를 갖췄더라면 더 좋을 뻔 했다.

본 책에서는 오프라인 공간의 국가 간 갈등이 온라인 공간의 네트워크에서 사이버네이션cyber-nations의 담론과 언술에 의해 어떻게 민족주의가 증폭되는가를 분석하였다. 이와 함께 동아시아의 국가집단감정의 메카니즘과 배경도 함께 살피고자 한다.

이 책은 서론을 포함하여 총 여섯 개의 장으로 구성되어 있다. 서론에서 온라인상 집단행동에 관해 경제학자 올슨Olson의 인식의 촉을 찾게 된 지적 계기는 감히 영감적이라 해야겠다. 제2장에서는 온라인 공간에 대한 예비적 이해를 다루고 있다. 상상치 못했던 사이버 공간의 이동성과 접근성의 성격, 개인 정체성의 몰개성화 및 익명성에 의한 집단 정체성 형성과 집단극화極化를 설명하고 있다. 제3장에서 동아시아는 '상상의 지역 범주'인가 혹은 '역사적 공간'인가 라는 논의를 필두로 '동아시아적 기억공간' 내의 집단기억과 역사 쟁점을 다루었다. 제4장에서는 동아시아 온라인 민족주의 가운데 특히 '중국 변수'에 초점을 두고자 한다. 동아시아에서 근대적 집단기억(국경 혹은 영토 문제 등)이 촉발될 때, '탈경계적' 사이버 공간의 민족적 갈등이 민족주의의 '재영토화'로 심화하는 세계화의 역설이 목격되고 있다. 제5장에서는 한일 인터넷 민족주의의 양상에 있어 혐한嫌韓과 한중 간의 문화 역사 갈등의 쟁점을 포괄적으로 서술하였다.

해방 후 70여 년의 시간이 지났다. 어떤 이유에서든 반일감정이란 국민 정서는 대한민국의 국민을 반반으로 갈라치기 하였다. 하나 된 한국이 아닌, 반일로 '양분된' 한국의 현존은 일본에 뜻하지 않은 불로소득이 아닌가. 아주 최근 일본 관광객 1위는 한국 사람이었다. 대학가 주변 음식점은 일본 가정식이 거의 과점하고 있다. 이런 아이러니가 있나?

독일에서 귀국한 이후 핵심어 '한국학'의 연구과제에 참여할 기회가 주어졌다. 이를 계기로 사회과학도로서 인문학의 주요 개념, 어휘들에 친숙해지는 유익이 있었다. 영문학, 서양사학, 동양사학 등의 인문학, 연구 주제로서는 한류의 초국적 보편성 및 '미디어 제국주의'의 역전, 그리고 산업혁명과 유럽 문명에 관한 논의에 참여하게 됨으로써 학제간 연구의 외연을 넓히게 된 것 같다. 인문학자들의 어휘들은 현란하였다. 각주가 있어야 할 법한 쟁점조차 자의적으로 써 내려가는 대범함의 모양새도 좋아 보였다. 학제 간 사유思惟의 무한한 '자유로움'을 누려 보았다. 이런 여력의 시너지가 한국학중앙연구원, 한국연구재단의 다년도 개인 과제를 하게 된 동력이 되었다.

이 책은 한국학중앙연구원(한국학진흥사업단)의 한국학총서사업의 과제로 지원을 받아 출판된 것이다. 본 연구 주제가 선정되었다는 메일을 확인하던 기쁨의 순간이 다시 새롭다. 무엇보다 이 책을 흔쾌히 출판해 주신 도서출판 선인의 윤관백 사장님께 깊은 감사를 드린다. 정교한 작업과 뛰어난 편집의 재능을 유감없이 발휘해 주신 편집팀 여러분께도 감사의 마음을 드린다. 한국문명학회의 회장님과 회원 여러분들의 격려에도 감사로 화답하고자 한다.

이제 대학을 가게 될 외동인 '가장 예쁜 딸'이 글쓰는 재주가 있으면 좋겠다. 어릴 때 언뜻 발견된 그 숨겨진 언어력이 언젠가 자유로이 날갯짓하는 날이 올 것을 믿는다. 아빠가 오래 곁에 있어야겠다.

2024년 8월
새 연구실에서 김 두 진

| 차 | 례 |

서론

세계화 현상의 한 유형인 '문화의 세계화'에서 나타나는 단선적linear 예측이라는 맥락에서 볼 때, 인터넷과 결합되는 민족주의의 분출은 매우 역설적인 현상이 아닐 수 없다. 세계화 논리에 의하면 문화의 세계화로 인해 국경 간 문화 이동이 증가하면서 점차 각 국가에 속한 시민들의 문화 정체성이 변환하여 세계적 차원에서 '공동의 정체성'이 형성될 것이라고 예견되었다.[1] 흔히 사회과학자들은 대체로 인터넷 등장과 관련하여 개별 민족(국가)의 문화적 고유성integrity이 해체될 것이라고 내다 보았다. 인터넷의 탈경계적non-territorial 속성이 (국민)국가 문화의 경계를 희석화시키면서, 한 국가에 속한 공유된 이미지, 대표성 및 신화의 집합적 감정을 유지하는 것은 불가능할 것으로 예측하였다.[2]

---

1 김석우, 『국제정치경제의 이해: 역사, 이념 그리고 이슈』, 한울, 2008, 184~185쪽.
2 Thomas Hylland Eriksen, "Nations in cyberspace", short version of the 2006 Ernest Gellner lecture, delivered at the ASEAN conference, LSE 27 March, 2006.

확실히 인터넷의 발전과 보급은 한편으로 국가 간의 경계를 약화시켰고, 보다 열린사회를 형성하는 결과를 낳게 되었다. 다른 측면에서는 국가와 사회의 수직적 관계를 수평적 관계로 변화시켜 개인의 기제가 강화되는 측면이 나타나게 되었다. 이 결과 사이버 시민cyber citizen은 자신의 신분이나 지위에 상관없이 외부의 영향을 받지 않고 사이버 공간에서 자신의 정치적 주장을 직·간접적으로 펼쳐 정책 결정에 영향을 미치는 긍정적 결과를 가져오기도 하였다.

반면에, 동아시아의 한·중·일간의 '집단 기억collective memory'을 바탕으로 한 온라인 공간의 네티즌 행태는 —세계화의 기제에 근거한 상호 다양성을 인정하는 성숙한 시민이라기보다는— 상호 대결적인 '감정 기반의 상상의 민족emotionally imagined nations'으로 귀환하는 양상을 보이고 있다. 예를 들어 역사 및 전통문화 축제, 영토와 안보 관련 문제 등을 중심으로 동아시아 한·중·일 간에 갈등이 자주 발생해 왔다. 한 예로 중국 온라인상에서 김치의 기원이 중국이라는 공식적인 언술, 그리고 이와 유사한 생소한 주장들은 한국인들에게 어떤 형태로든 민족 감정을 불러일으키고 있다. 한국전에 관한 방탄소년단BTS의 발언은 반한反韓감정을 낳게 되었고, 한국 온라인 공간에서 반중反中감정의 확산이라는 악순환으로 이어졌다. 이처럼 인터넷상에서 한중 관계가 악화될 경우, 실제 양국 간 정치경제 관계에까지 악영향을 미치게 되는 것은 부인할 수 없는 사실이다.

기존의 동아시아 사이버 민족주의에 관한 선행 연구들은, 예를 들어 혐한, 혐일, 혐중 등에 초점을 두는 사례 연구가 많았다. 그동안 동아시아 국가 간에 감정적 혐오와 배외주의가 다수를 점하고 있었다.[3] 대체로 온라

---

3 류석진에 의하면, 사이버 민족주의 연구가 향후 동아시아(동북아)의 미래의 평화 협력 구축하는 데 도움이 되는 목표와 연관이 있다고 강조하고 있다. 류석진, 「디지털 기억공간에서 민족주의가 발현되는 방식에 대한 연구: 한중일 네티즌의 갈등사례와 정체성을 중심으로」, 「민족연구」 75, 2020, 78~79쪽.

인 공간의 민족주의 현상과 갈등을 우려의 시각으로 보려는 성향이 강하였다. 그리고 동아시아 특유의 민족주의 현상을 예외적이거나 병리적으로 인식하려는 성향이 강했다. 여기서 우리는 '감정의 합리성emotional rationality' 과 '감정 레짐'의 맥락에서 온라인 공간의 민족적 감정 표출을 갈등이라는 부정적 측면에서 볼 수도 있으나, 다른 한편으로 안전판의 긍정적 기능도 있음을 인정해야 할 것이다.[4] 본 연구를 통해 동아시아 국가 간의 '민족적 분노 혹은 갈등'을 해소하거나 조정하는 처방remedy을 위한 '인식론적' 방법론을 찾는 것도 부수적 의미가 될 것이다.

본 책에서는 오프라인 공간에서 발생한 국가 간 갈등의 쟁점들이 온라인 공간의 네트워크에서 '인터넷 세대cyber citizen' 혹은 '사이버네이션cyber-nations'의 담론과 언술narratives을 통해 민족주의 형태로 증폭되는 현상을 분석하고자 한다.[5]

동아시아에서는 세계화 시대의 도래와 함께 영토, 과거사 등을 매개로 하는 변이적 민족주의의 특이한 현상이 목격되고 있다. 유럽의 경우는 세계화의 대응으로 EU라는 '지역화'의 양상으로 민족주의 문제를 무난하게 대처해 왔다. 반면에 동아시아는 공동체적 통합을 겨냥해 '동아시아 담론' 등을 기화로 지역화 모색의 가능성이 활발히 논의되기도 하였다. 이런 와중에 동아시아의 한·중·일 간에는 오히려 '재국민화' 혹은 '재민족화'의 양상이 재현되곤 하였다.[6] 무엇보다 동아시아 국가 간의 역사와 관련될 때

---

4 인터넷 민족주의의 표출이 갈등 해소의 '안전판'의 기능을 한다는 긍정적 시각에 관해서는 Yiben Ma, "Online Chinese nationalism: a competing discourse? A discourse analysis of Chinese media texts relating to the Beijing Olympic torch delay in Paris", *The Journal of International Communication*, 24(3), 2018 참조.

5 류석진·조희정, 「온라인 공간의 민족주의적 갈등에 대한 연구: 게시판과 동영상 UCC를 중심으로」, 『사이버커뮤니케이션학보』 25(4), 2008, 92~93쪽.

6 조성환, 「세계화 시대의 동아시아 민족주의」, 『한국동양정치사상사연구』 5(1), 2006, 166~167쪽.

'기억의 과잉' 혹은 '과거의 과잉'에 의한 '집단 기억'과 연관된 갈등은 동아시아 국가 간에 심각한 민족주의적 갈등을 증폭시키곤 하였다. 따라서 본 연구의 의의는 동아시아적 민족주의 현상이 빈번히 적대적으로 '재현되고' 있는 현상에 관해 어떤 인식론적 실마리를 제공하려는 것이다.

유럽에서는 대체로 민족주의나 타자他者의 역사에 관한 배타성이 점차 극복되어가는 모양새를 보인다. 유럽은 유럽통합 이후 지역주의를 통해 오히려 유럽 민족주의European nationalism의 구축을 목표로 할 만큼 자체의 '집단 정체성collective identity'을 형성하려는 공감대를 형성해 왔다. 반면에 동아시아 국가 간에는 민족주의 감정적 표출이 대외 관계에서 빈번히 적대敵對적 성격을 띠게 되는 점은 유럽의 사례와는 매우 대조적이다.

무엇보다 인터넷의 기초적인 속성이 글로벌화를 촉진해 왔다는 것이 사실이라는 것을 결코 부인할 수 없다. 웹web상에서는 자국 언어의 역할을 증진하는 동시에 인터넷의 다국어multilingual 소통을 동시에 증진시키게 마련이다. 이것은 인터넷 시대에 있어 미디어에 관한 국가적 역할이 축소된다는 것을 의미하지 않는다. 인터넷상에서는 역설적으로 민족주의적 담론이 국가에 의해 꾸준히 형성되고 재생산해 나가는 경우를 발견하게 된다. 이러한 웹상의 메커니즘에서 소위 '상투적 민족주의banal nationalism'의 속성이 뚜렷이 드러날 때가 있다.[7]

토마스 힐란드 에릭슨Thomas Hylland Eriksen이 발견하였듯이, 기존의 민족들이 해외의 지리적 공간으로 탈영토적으로 흩어지게 된다 할지라도, 잠재적으로는 문화적인 경계선에 연동되어 국가 중심의 정치적 경계선을 '재형성'하게 되는 경우가 있다. 이처럼 탈영토화된 환경 속에서조차, 흡사 겔너의 '상상의 공동체'의 개념에서 예시하듯이, 현재 거주하는 위치와 상

---

7 Oren Soffer, "The Internet and National Solidarity: A Theoretical Analysis", *Communication Theory*, 23(1), 2013, pp. 62~63.

관없이 디아스포라의 형태로 여전히 민족적 아이덴티티를 구축하며 자민족의 정체성을 견지하려는 가상 민족주의virtual nationalism가 보존되어 왔던 것이 현실이다.[8]

현대 사회에서 페이스북Facebook, X옛 Twitter, 웨이보Weibo, 微博 및 유튜브 YouTube와 같은 소셜 네트워크social network 사이트는 지리적으로 떨어져 있는 자국민들이 자국의 민족 이익과 관련된 문제에 관해 적극적으로 의견 표출을 하고, 집합적인 힘을 발휘하는 공간으로 활용되고 있다.[9] 영토적 배경의 고유의 민족주의의 개념이 다시 탈영토적de-territorializing기반의 사이버네이션cyber-nations을 기반으로 역으로 기존 민족주의 정체성 강화라는 재영토화를 가져올 가능성이 점차 두드러지고 있다. 이런 맥락에서 동아시아 지역 내의 '집단 기억'과 트라우마가 동아시아 국가 간의 집단 감정의 형태로 재현되는 과정에서, 한·중·일 간에 온라인 민족주의의 내적 분출과 이에 따른 외적 마찰을 일으키게 되는 것은 불가피한 현상으로 인정하지 않을 수 없다.

그동안 개방성과 상호작용성의 맥락에서 인터넷은 지구상에서 존재해 왔던 어떤 커뮤니케이션 기술보다 숙의적 민주주의deliberate democracy의 특징을 드러낼 것으로 내다 보았다. 사이버 공론장이 시민참여를 용이하게 이끌게 되어 새로운 직접민주주의의 개연성을 기대하기에 이르기도 하였다. 소위 하버마스가 말하는 소통적 합리성communicative rationality이 확립되는

---

8 에릭슨은 대표적인 예로 쿠르드(Kurd)족의 민족적 정체성 구축의 예를 들고 있다. Thomas Hylland Eriksen, "Nationalism and the Internet", pp. 9~16.

9 인터넷상의 민족주의 표출의 예로, 2013년 미국 백악관 청원 사이트에 '위안부 소녀상' 철거 찬성 청원이 올라온 후 2014년 1월 10일 서명자 수가 이미 12만 명에 이르게 되었다. 대다수는 일본인들의 서명으로 밝혀졌다. 이에 대해 위안부 철거 반대 성원이 올라온 지 불과 2주 만인 1월 18일에 서명 참가자는 10만 명이 넘게 되었다. 홍주현·이미나, 「유튜브에서 한국 관련 민족주의 이슈의 현저성에 따른 이슈 확산 네트워크 유형 연구: 네트워크에서 노드의 위치와 노드 간 관계를 중심으로」, 「한국언론학보」 58(3), 2014, 174쪽.

이상적 공론장이 구성될 것이라고 예측하였다. 아이러니하게도 그런 예상과는 달리 오히려 사이버 공간이 중우민주주의mobcracy의 성격을 점차 강화하는 현상으로 이어지는 상황이 목격되기 시작하였다.[10]

이제 민족주의는 인터넷과 결합하면서 점차 폭발적인 영향력을 발휘하게 되었다. 인터넷이 영토와 같은 물리적 개념을 희석시켜 (국민)국가의 문화적 통합에 위협이 될 것으로 예상되었다. 반면에 에릭슨에 따르면, 영토라는 지리적 공간의 부재에도 불구하고 사이버 공간에서 아이러니하게도 국가 성립의 기반이 되는 국가의 정체성 및 문화적 유사성이 갈수록 강화되고 있다.[11]

본 연구에서는 먼저 인터넷상에서 민족주의의 성격이 형성되는 메커니즘을 살펴보고자 한다. 이어 동아시아 국가 간에 형성된 과거의 집단 기억collective memory의 재현과 이에 따른 민족주의의 속성이 어떻게 변화하는지를 재조명할 것이다. 한마디로 동아시아의 온라인 공간의 언술narratives을 통해 재영토화 혹은 재주술화로 이어지는 인터넷 민족주의의 특징과 그 성격을 새롭게 규명하고자 한다.

---

10 김종길, 「사이버공론장의 분화와 숙의민주주의의 조건」, 『한국사회학』 39(2), 2005, 41쪽.
11 Eriksen, "Nationalism and the Internet".

인터넷 공론장과 민족주의
: 집단 극화(polarization)

1. 사이버 공간의 속성 : 예비적 이해

사이버 공간의 이동성과 접근성은 현실 세계와의 관계에서 이전에 상상치 못하였던 공간 개념을 제시하고 있다. 사이버 공간이란 현실 세계 간의 물리적 거리를 뛰어넘어 이를 상호 매개하는 인터넷상의 가상 공간이다. 동시에 이러한 공간은 사이버 공간의 커뮤니티가 생성시킨 새로운 문화를 같은 공동체에 속한 현실 세계의 사람들에게 전파하는 역할을 하게 된다.

인터넷상의 공간은 '자유로운 반면에 감시받는' 공간이기도 하다. 자유 공간으로서 인터넷은 기존의 통제방식이 적용되지 않는 곳을 의미하지만 결코 통제가 불가능한 것은 아니다. 인터넷 공간은 분명히 "존재하지 않지만 존재하는 공간"이며, "현실 세계와는 다르지만 현실 세계와 같은 공간"이라는 특징을 갖는다.[1]

---

1 배덕현, 「사이버공간의 정의와 특징: 몇 가지 사례를 중심으로」, 『문화역사지리』 27(1), 2015, 132~135쪽.

21세기에 들어 특히 인터넷은 매스미디어의 대중성을 확립하면서 정보 유통과 의사소통을 혁신적으로 개선하는 동시에 대안적 공론장으로 급격히 부상하기 시작하였다. 소위 다중적 공론장multiple public spheres을 형성하게 된 것이다. 인터넷을 매개로 상호작용하는 개인들은 서로가 서로에 대해 잠재적인 독자이자 필자이고, 출연자이자 관람자이다. 웹상의 연결망을 통해 이루어지는 상호작용은 시공간의 제약 없이 상대에게 스스로를 공개하게 되어 있다.

소위 이러한 인터넷 매체의 가시성은 다양한 양상을 띤 과거의 가시성을 포괄하고 있는 셈이다. 예를 들어 고대의 '연설가와 관중', 근대사회의 '필자와 독자' 등의 관계를 포함하고 있다. 소위 인터넷 환경에서는 가시성 효과the visibility effect와 동시에 '자기관찰적self-monitoring 환경'이 자연스럽게 형성되고 있다. 이것은 인터넷 공간에서 읽기와 쓰기의 경험을 바탕으로 의사소통의 효능을 인식하게 되는 소위 비판적 담론 공중critical discursive publics의 등장을 가능케 하였다. 비판적 담론의 공중들은 지배적인 해석을 제공하는 영향력 있는 정치인, 언론인 그리고 지식인 평자들의 해석적 권위에 대해 공공연히 '도전하는' 존재들로 구성될 때가 많다.[2]

인터넷상에서 개인의 정체성은 몰개성沒個性화되고 무엇보다 익명성 때문에 '집단의 정체성'으로 나타나게 될 경우 집단 극화 현상은 한층 심해지는 경향을 띠게 된다. 곧 인터넷상에서 익명성의 정체감을 뚜렷이 하려고 할 경우, 적대적 집단 간에 양극화 현상이 더욱 심화되어 상대 라이벌 집단을 폄하시키는 사이버 훌리건 댓글 대응은 점차 빈번해진다. 이런 상황에서는 이전에 스스로 규범적 행동을 따르던 것과 달리, 익명의 상황에서는 '탈규범적'으로 자의적으로 행동하게 된다. 몰개성화에 따른 익명의 상

---

2 이준웅, 「인터넷 공론장의 매개된 상호가시성과 담론 공중의 형성」, 『언론정보연구』 46(2), 2009, 23~28쪽.

황에서는 사적 자아의식도 낮아질 뿐만 아니라 내적 규제와 감정 조절도 어려워진다. 소위 익명성이 물리적으로 강화될수록 자기 인식의 약화를 가져오게 되고 자신의 사회적 존재감social existence도 낮아지는 성향을 보인다.[3]

미디어에 대한 자기 노출은 근대 미디어인 라디오나 TV에서는 극히 제한적일 수밖에 없었다. 이들 미디어에서는 상호작용 과정에서 자기 노출은 상당한 기술과 자원을 요구했다. 반면에 컴퓨터를 기반으로 한 인터넷은 기존의 근대 미디어와 달리 자기 노출이 쉽게 이루어질 수 있게 되었다. 컴퓨터가 자아를 표현하는 유일한 수단은 아니지만 짧은 순간에 자신을 외부 세계에 투영시킬 수 있다는 점에서 그것은 '매력적'인 동시에 '유혹적'인 것이다.[4] 인터넷은 이용자를 자유롭게liberating 해 주며, 그런 의미에서 해방적인emancipatory 곳이다. 온라인의 정체성 위장, 혹은 이중 정체성의 표출은 자기 왜곡 현상을 유발할 수 있다. 결국 단기적으로 개인적 정체성의 왜곡이 장기적으로는 자기 정체성의 혼란을 가져올 수 있다. 공간에서의 지속적인 언행 불일치는 개인의 '병리적 자아'를 형성하거나, '자아분열' 및 '사회적 부적응'을 유발할 가능성도 있다.[5]

인터넷상의 댓글에 관해 살펴볼 때, 근거를 제시하거나 대안 혹은 사건이해에 대한 정보를 제공하는 이성적 댓글을 제시할 때가 있다. 반면에 흥분, 좌절, 분노 등의 감정이 맹목적인 욕설이나 거친 어조의 비이성적 댓글로 나타나기도 한다. 〈표 2-1〉에서 박창호는 이성적인 표현과 비이성적

---

3 이것은 '책임감의 분산'으로 이어져 '정상적 억제의 상실'의 결과를 낳게 된다. 나은영, 「인터넷 커뮤니케이션: 익명성, 상호작용성 및 집단극화(極化)를 중심으로」, 『커뮤니케이션 이론』 2(1), 2006, 110~113쪽; 서응교, 「온라인 커뮤니케이션에서 집단극화 현상에 영향을 미치는 요인에 관한 연구: 익명성 관점에서」, 『유통과학연구』 13(2), 2015, 78~79쪽.
4 박창호, 「인터넷의 매개적 상호작용으로서의 댓글의 찬성과 반대에 대한 분석」, 『담론』 16(2), 2013, 139~140쪽.
5 나은영, 「인터넷 커뮤니케이션: 익명성, 상호작용성 및 집단극화(極化)를 중심으로」, 101, 104쪽.

인 표현을 대비한 하나의 예를 제시하고 있다.[6]

〈표 2-1〉 이성적 댓글과 비이성적 댓글

유형	기준	예시
이성적	- 근거를 제시하며 설명 - 욕설을 사용하지 않음 - 맹목적 주장이 아닌 차근한 어조 - 향후의 대안이나 사건의 이해에 필요한 정보를 제공	"매장 안에 cctv가 없다는 게 좀 걸리네요. 암튼 이건 수사 결과가 나와봐야 정확하겠네요." "양쪽 모두 반성해야겠지요. 뒤늦었지만 서로에게 배려하는 모습 보여 주시기 바랍니다"
비이성적	- 근거가 없음 - 감정적 표현(흥분, 분노, 좌절 등) - 맹목적인 주장 - 욕설을 사용, 거친 어조	"맞을 짓을 했네ㅋㅋ 어휴 이런 써글 년" "언플질 그만하고 CCTV 공개해봐. 판독도 제대로 되지 않은 영상 갖고 구라치지 말고"

현대 사회의 주요 가치인 민주주의 참여성의 맥락에서 볼 때, 인터넷은 한동안 개방성과 상호작용성에 있어 어떤 기술보다 더 숙의적 토론장의 특성이 드러나는 공간으로 인식되었다. 그 이유는 무엇보다 탈중심적이고 개방적인 커뮤니케이션의 구조, 시공간의 제약으로부터의 탈피의 장점을 가졌기 때문이다. 나아가 익명성과 쌍방성으로 인해 동등한 위치에서 사이버 공간의 참여를 통해 다양한 현안을 토론할 기회가 제공되는 장점이 있다.

하지만 주목해야 할 부분은 양적 팽창과 질적 성숙의 맥락에서 오히려 참여적 민주주의 장점에 역행하는 위험성이 도사리고 있었다. 진지한 토론보다 욕설과 비방, 또는 일방적인 자기 의사 표현 등이 빈번하게 등장하는 점이다. 더욱이 개인적인 취향이나 관심사가 급속히 세분화되거나 파편화되는 우려의 측면도 부각되기 시작하였다. 이러한 현상들은 국가 간

---

6 박창호, 「인터넷의 매개적 상호작용으로서의 댓글의 찬성과 반대에 대한 분석」, 146쪽.

의 민족주의 현상과 연관될 때 급기야 집단극화極化, polarization의 성향으로 격렬하게 표출되곤 하였다.

2. 온라인 공론장의 집단극화와 집합행동

온라인 공간의 민족주의를 논하기에 앞서, 온라인상의 커뮤니케이션 과정에서 현저히 나타나는 속성을 살펴보는 것이 필요하다. 사회심리적 측면에서 볼 때 온라인상의 다양한 사람들 간의 집단 의사 결정은 그룹 멤버의 개별적 의사 결정에 비해 훨씬 위험하다.[7] 일반적으로 사람들은 집단으로 의사 결정을 내릴 때, 개인이 의사 결정을 내릴 때에 비해 '과격해지는' 경향을 보이고 있다. 소위 '집단극화'의 개념은 사이버 민족주의 현상을 살피는 데 있어 주목해야 할 주요 요인으로 간주된다.[8]

인터넷 토론장이나 X옛 Twitter 등에서 목격되는 집단적 행동은 우리 모두에게 익숙한 광경이다. 공적 이슈나 논점에 관한 정치적 토론은 토론의 질을 높여주는 동시에 상대방 견해에 대한 인정과 이해를 가능케 하는 긍정적 의사소통의 기회를 제공한다. 반면에 상호 간에 의견 격차를 심화시켜 온라인상에서 특정 갈등 이슈에 대해 훨씬 부정적인 방향의 집단극화를 야기시키기도 한다. 특히 공론장의 토론은 익명으로 이루어지기 때문에, 군중성에 근거하여 비이성적 쏠림 현상이 나타난다. 동질적인 사람들이 함께 참여하는 커뮤니티에서는 더욱 극단적인 방향으로 의견이 몰릴 가

---

7 Daniel J. Isenberg, "Group Polarization: A Critical Review and Meta-Analysis", *Journal of Personality and Social Psychology*, 50(6), 1986, pp. 1141~1142.

8 여기서 집단극화의 다양한 접근방법을 모두 언급할 필요는 없을 것이다. 단지 집단극화를 설명하는 관점으로 사회비교이론social comparison theory 혹은 설득적 토론이론persuasive arguments theory 등을 이해해 둘 필요가 있다.

능성이 크다. 특히 인터넷은 개인의 신체와 신분이 노출되지 않으므로 '탈개인화'에 따른 인신공격, 비방, 욕설 및 명예훼손 등의 일탈행동이 쉽게 일어날 수 있다. 다른 측면에서 보면 인지적 타성cognitive inertia을 유발하게 된다.[9]

오프라인의 경우는 익명이 아니기 때문에 공개된 다양한 의견을 접할 가능성이 커져서 양극화가 감소할 수 있다. 온라인 네트워크에서는 '익명성의 일반화된 타자들anonymous generalized others'의 규모가 클 경우에 지각편향에 의해 양극화 유발성이 더 커질 수 있다. 참여자들에 대한 개인적 정보가 부재한 상황에서 단지 해당 이슈에 대해 비슷한 견해를 가졌다는 이유만으로 이를 기반으로 한 집단적 정체성이 쉽게 형성되는 경향이 강하다. '의견의 유사성'이라는 이유만으로 '우리'와 '그들'로 쉽게 나누어진다. 인터넷상에서는 의미 있는 단위로서의 개개인의 개체성이 약해지는 경향이 강하다. 이런 상황에서 쉽사리 '군중성'이 강화되어 집단 간에 서로의 자기 규범에 치우친 나머지 비이성적 양극화의 위험에 빠져들 확률이 높아진다.[10] 온라인상의 익명성에 관한 논쟁이 있기 이전에도 이미 현대사회의 포괄적 익명성에 관해 부정적 관점을 제시하는 철학적 고민이나 성찰이 있었다.

> 오늘날 현대는 익명성의 사회라고 불린다. 익명성의 사회에서는 개인의 주체성은 사라지고 이름 없고 따라서 책임 없는 익명성 속에서 인간은 행동하고 지각함으로써 자유와 도피의 안식처를 찾곤 한다.

---

9 João Pissarra and Jorge C. Jesuino, "Idea generation through computer-mediated communication: The effects of anonymity", *Journal of Managerial Psychology*, 20(3/4), 2005, pp. 278~279.

10 나은영·차유리, 「인터넷 집단극화를 결정하는 요인들: 공론장 익명성과 네트워크 군중성 및 개인적, 문화적 요인을 중심으로」, 『한국심리학회지: 사회 및 성격』 26(1), 2012, 103~106쪽.

이 점에서 우리는 익명성을 자아 주체성이 결여되어 있는 것으로 간주하여 익명성에 대한 부정적인 견해를 그 동안 갖고 있었다. 하이데거(H. Heidegger)를 비롯한 많은 실존주의 철학자들은 이런 익명성에 대한 비판을 전개해 왔다 …… 익명성은 실존이 갖는 결단과 자유 그리고 그것에 대한 책임을 위해서 극복하고 벗어나야 할 대상으로 여긴다.[11]

정치이념을 구현하는 입장에서 사이버 공간은 민주주의라는 대의민주주의의 한계를 상당 부분 보완해 줌으로써 민주주의 이상을 더욱 풍부하게 할 것이라는 긍정적인 인식이 있었다. 나아가 '대의민주주의 대안론'으로 거론되어 사이버 공론장으로 시민참여를 용이하게 함으로써 새로운 직접민주주의의 시대를 가능케 할 것이라는 분석도 있었다. 심지어 정보사회의 도래로 인해 민주주의 형태의 변형을 초래하여 새로운 정치제도의 도입이 불가피할 것이라는 다소 과격한 시각도 있었다.

다른 한편에서는 숙의민주주의를 가져오기보다는 오히려 포퓰리즘을 확산시킬 것이라는 '포퓰리즘 강화론'도 등장하였다. 이 시각은 점차 사이버 공간에 대한 기대와는 달리 숙의deliberation의 부재와 사회적 분절화social balkanization의 경향이 촉진될 것이라고 내다보았다. 오히려 중우민주주의 mass democracy가 조장되어 개인적인 취향이나 관심사를 근거로 급속히 세분화, 파편화되어 가는 점에 대한 우려가 있었다. 한때 온라인 공간을 중심으로 소위 대중지성에 대한 기대도 있었다. 실제로 위키피디아, 지식in 서비스 등의 등장으로 기존 전문지식 획득에 대한 열망도 있었다. 하지만 대중지성은 검증되지 않은 정보의 양산과 유통, 감성 중심의 특징으로 인해

---

11 최재식, 「익명성에 관한 철학적(현상학적) 고찰: 정체성의 기반으로서 익명성」, 『현상학과 현대철학』 11월호, 2000, 276쪽. 여기서 최재식은 익명성에도 긍정적 측면이 있다는 것을 동시에 주장하는 입장을 취하고 있다. "자신의 정체성에는 비동일성 내지는 익명성으로서 '타자적 우리'의 계기가 관통해 있다"고 서술하고 있다(301쪽).

집단적 우중화의 우려를 낳기도 하였다.[12]

인터넷 공간에서 양적으로 팽창한 의사소통의 규모와 범위가 한편으로 사회집단 간의 '기존 경계를 허물게' 되었다. 하지만 역으로 기존 경계를 더욱 강화하거나 새로운 경계를 형성하여 급기야 집단 간 차별과 적대감을 불러일으킬 것이라는 예견도 있었다. 이런 상황에서 급기야 국가 및 집단 간에 '차이의 확대'로 이어지는 결과를 가져오게 되었다.[13]

인터넷은 그 고유의 특성 때문에 집합행동을 새로운 '문화적 현상'으로 바꿔놓고 있다. 이런 배경하에 영리한 군중smart mobs의 등장과 함께 디지털 정치집단의 형성이 가능케 된 결과로 인터넷이 정치적인 군중 집회 혹은 사회운동의 자원 동원 전략으로 활용되고 있다. 맨슈어 올슨Mancur Olson에 따르면, 일반적인 집단행동에 있어서 집합행동의 의사가 있는 참여자라 할지라도 대부분은 거기에 소요되는 참여 비용을 지불하려 들지 않는다.[14] 올슨에 의하면, 규모가 큰 집단의 경우 소규모 집단에 비해 더 많은 무임승차자free-rider를 낳을 가능성이 크다. 집단형성에 있어서 무임승차자를 줄이기 위해서는 바로 선택적 인센티브가 제시되어야 한다. 선택적 인센티브란 집단의 활동에 참여하는 개인과 참여하지 않는 개인 사이에 참여 여부에 따른 배타적인 인센티브를 제공할 수 있어야 한다.[15] 올슨은 집단행동과 관련하여 거래비용transaction costs을 언급하면서 집단형성에 지불되는

---

12 최항섭, 「레비의 집단지성: 대중지성을 넘어 전문가지성의 가능성 모색」, 『사이버커뮤니케이션학보』 26(3), 2009, 299~300쪽.

13 김종길, 「사이버공론장의 분화와 숙의민주주의의 조건」, 36~42쪽.

14 집단행동(group behavior)는 집합행동과는 다르다. 전자는 규범체계를 갖고 있는 반면에, 후자는 비규범적 특성 때문에 상황에 따라 기존 질서를 와해시키는 병리적 현상을 낳을 수 있다. 김유석, 「인터넷 공간의 집합적 적의 표출: '개똥녀' 사례에 대한 Q-방법론의 적용」, 『커뮤니케이션과학』 24, 2005, 79~80쪽.

15 Mancur Olson, *The logic of collective action : public goods and the theory*, Cambridge, Mass. : Harvard University Press, 1971; 정연정, 「인터넷과 집단행동논리: 올슨(Olson)의 집단행동의 논리를 중심으로」, 『한국정치학회보』 36(1), 2002, 74~75쪽.

조직화 비용을 확보하지 못할 경우, 참여하고자 하는 합리적 개인의 의지
가 쉽게 이루어지지 않게 된다. 놀랍게도 인터넷은 이러한 기회비용을 절
감할 수 있는 이점을 제시하고 있다. 따라서 올슨의 논리에 따르면, 인터
넷이 개인 수준에서 '집단참여의 비용을 낮추었고', 집단 수준에서도 공간
적, 시간적, 물리적 차원에서 조직화의 비용을 낮출 수 있는 놀라운 이점
을 제시하게 된 것이다. 올슨의 논리적 시사점은, 한마디로 인터넷 이후에
이전의 집합행동에 비해 인터넷상에서 훨씬 용이하게 집단형성이 가능하
게 되었다는 사실이다.[16]

　다른 측면에서 시민사회의 재구조화 과정이라는 점에서 인터넷을 매개
로 유연적 자발 집단flexible voluntary group이 등장하게 되었다. 그 결과로 성
격적으로 가입과 탈퇴가 자유롭고 소속 의식은 있으나 구속력은 약한 느
슨한 조직이 출현하게 되었다. 이들 집단은 다양한 욕구에 기초하여 형성
되었기 때문에 감성적, 문화 취향별로 결속력을 갖게 되면서도 자기가 선
택한 조직의 구속을 회피하려고 하는 모순적 태도를 갖게 된다. 이런 점에
서 인터넷은 결속력 차원에서 강한 연대의 형성은 어렵다. 반면에 온라인
공간은 약한 결속력을 기반으로, 느슨하지만 사회 전체적인 연대감과 호
혜감 증진에 기여하는 공론의 장으로 변모하였다.

　역으로 인터넷 공간의 집합적 적의 표출hostile outburst에 관한 우려도 제기
되고 있다. 그 표현 방식으로 유언비어나 사이버 훌리건 등과 유사한 특

---

16 올슨(Olson)에 의하면, 각 개인들의 공통된 이해관계가 존재하면 자연적으로 조직
　이 결성될 것이라는 종전의 집단이론가(group theorist)의 가정은 잘못되었다고 비
　판한다. 즉, 대규모의 잠재적 집단의 개인 구성원은 합리적이고 이기적인 개인들이
　어서 쉽사리 비용 지불을 감수하려 들지 않는다. 올슨은 집단의 목표에 대한 만장일
　치의 동의가 있다 할지라도, 강제나 유인(incentive)이 제공되지 않는 한 집단참여
　자가 기꺼이 비용 지불을 감당하려 하지 않는다. 인터넷은 이런 의미에서 **매우 낮은**
　비용으로 집합행동의 가능성을 훨씬 높인 것이다. Olson, *The logic of collective*
　action 참조.

징이 나타난다. 이런 집합적 적의 표출은 스포츠 사건 등에서조차 민족적 감정 혹은 집합행동의 동원화를 가져올 만큼 파급효과가 큰 경우가 허다하다.[17]

3. SNS의 정치사회화와 민족주의 : 유튜브와 행동주의(activism)

앞서 1장에 에릭슨이 언급하였듯이, 인터넷은 영토에 근거한 국가 개념을 희석화시키는 동시에, 인터넷 기반의 '가상 민족 공동체'를 새롭게 형성시키는데 기여하는 바가 크다. 실제로 SNS는 국가와 국가 간의 관계에서 발생하는 갈등을 둘러싸고 자국민을 결집시키고, 집합적인 공감대를 형성하는 데 있어 상당한 기능을 하고 있다. 특히 인터넷과 모바일의 결합은 지리적으로 떨어져 있는 자국민이 시공간의 제약을 뛰어넘어 주요 이슈를 서로 공유케 하고, 단기간 내에 의견을 결집하는 효과를 가져온다.

인터넷의 발달로 컴퓨터 이용 능력과 커뮤니케이션 효과를 갖추게 된 군중mobs의 등장이 예고되었다. 미국의 백악관 혹은 한국의 청와대 청원 사이트에서 국가 이익과 관련된 쟁점에 관해 국민이 단시간에 결집하는 효능은 흔히 목격되는 현상이다. 민족주의 이슈가 SNS를 통해 급속히 확산하면서 국민들로 하여금 관심을 끌게 만드는 긍정적인 피드백 루프feedback loop가 형성된다.[18]

현재 전 세계적으로 확산하고 있는 동영상 플랫폼platform으로 가장 많이

---

17 2002년 동계올림픽에서 한국의 쇼트트랙 김동성 선수에게 시뮬레이션 액션으로 실격을 시키게 하고 금메달을 차지한 쇼트트랙 선수 안톤 오노의 사례는 스포츠에서의 민족주의 적대 감정을 드러낸 한 경우이다. 김유석, 「인터넷 공간의 집합적 적의 표출: '개똥녀' 사례에 대한 Q-방법론의 적용」, 『커뮤니케이션과학』 24, 2005, 81~84쪽.

18 홍주현·이미나, 「유튜브에서 한국 관련 민족주의 이슈의 현저성에 따른 이슈 확산 네트워크 유형 연구」, 176~177쪽.

활용되고 있는 것은 유튜브YouTube이다. 유튜브는 사용자가 동영상을 임의로 올리거나 볼 수 있게 하는 구글의 콘텐츠 호스팅hosting 웹사이트다. 동영상 플랫폼이 유튜브에 주목하는 이유는 다양한 요인이 있지만, 정치적 활동에 관한 관심 때문이기도 하다. 미국, 영국, 프랑스 및 독일 등의 주요 선거에 소셜 미디어 기반의 정치 동영상은 정당과 정치인들의 주요 정보 전달의 매체가 되고 있다.

더 나아가 민족주의 이슈는 뉴스 동영상을 직접 편집해서 올리거나, 관련 뉴스 영상을 이용자들이 공유하게 될 경우에, 시각적 자극을 통해 강렬한 영향력과 함께 그 파급 효과는 상상 이상일 수 있다. 유튜브를 통해 가시적으로 드러나는 저널리즘은 새로운 탈경계화transboundarization 징후를 보이기 시작하였다. 예를 들어 미국의 전 대통령 트럼프는 개인 X옛 Twitter를 통해 정치 메시지를 지지자와 국민에게 직접 전달하여 소위 메시지 정치, X 정치의 면면을 보이고 있다. 이처럼 유튜브 이용을 통해 정치효능, 정치관심도, 정치참여 간에 모두 긍정적인 인과성이 있음을 확인할 수 있다. 유튜브의 정치적 활용은 네트워크 형성을 통해 직접적인 정치학습의 효과를 가져오고 있다. 이에 반해 부정적으로는 유튜브를 비롯한 정치적 동영상이 이른바 정치를 유희화entertaining한다는 비판도 받고 있다.[19]

최근에 주류 언론사들의 유튜브 채널로의 진출을 통해 유튜브 공간 안에서 저널리즘의 기존 경계에 지각변동이 있음을 목격하게 된다. 한동안 유튜브의 등장으로 '주류 저널리즘 대 대안 저널리즘'의 도식으로 유튜브 저널리즘 현상에 주목하기 시작하였다. 이제는 시간이 흐름에 따라 점차 이런 도식을 넘어 '저널리즘 대 행동주의activism'의 새로운 이항 범주의 틀이 형성되어 주류 저널리즘의 지형과 성격이 변형되기 시작하였다. 소위 행

---

19 장우영, 「유튜브 정치동영상의 정치적 효과에 관한 시론적 연구: 21대 총선을 중심으로」, 『한국과 국제정치』 6(1), 2022, 91~96쪽.

동주의는 단순히 기존의 저널리즘의 특징이라 볼 수 있는 의제 설정과 공유라는 틀을 넘어 '변화'를 주도하는 '실천적' 맥락을 포함하게 되었다.[20]

유튜브는 페이스북Facebook 등 다른 소셜 미디어보다 더 많은 의제 설정의 역할을 한다. X와 페이스북은 새로운 정보나 시각을 창출하기보다는 기존 인식을 보완하는 기능에 그치는 경우가 많다. 이에 반해 유튜브는 특정 이슈에 대해 새로운 정보와 시각을 전달하는 능력이 뚜렷이 나타나고 있다. 나아가 유튜브의 특징 중에서 주목할 만한 것은 유튜브의 '정치적 역할'이다. 유튜브의 정치 동영상에는 정치인이나 개인들이 만든 것 이외에 전문 뉴스 미디어가 제공하는 정치 뉴스가 있다.

무엇보다 유튜브는 정치정보를 제공하는 정치 커뮤니케이션 채널의 기능을 수행한다. 정치인들이나 시민운동가들은 자신들의 메시지를 직접 전달하는 새로운 경로로 유튜브를 선호하기 시작하였다. 유튜브에서 정치정보가 확산하는 과정에서 일반 시민들이 큰 역할을 하게 되어, '수용자 주도형 정치 커뮤니케이션의 미디어 환경'이 형성된 것이다. 이런 결과 유튜브는 정치 동영상을 통해 시민들의 정치 의식화 교육에 긍정적 영향을 줄 뿐만 아니라, 정치공동체 유지에 필요한 정치적 담론을 제공하는 역할도 수행하게 되었다. 때로는 정부정책과 공적 담론에 항거하는 의식儀式을 표출하는 저항문화를 창출하기도 하였다.[21]

---

20 유용민, 「유튜브 저널리즘 현상 논쟁하기: 행동주의의 부상과 저널리즘의 새로운 탈경계화」, 『한국방송학보』 33(6), 2019, 6~8쪽.

21 유튜브 콘텐츠는 전지구적으로 10억 명 이상이 76개의 언어로 탐색될 수 있다. 모로코에서는 젊은시민들이 공적 인물과 정책이슈를 풍자한 유튜브 동영상이 시민참여를 유도하여 정부정책에 항거하는 저항문화를 창출하기도 하였다. 오대영, 「유튜브 정치동영상 이용이 정치사회화에 미치는 학습효과: 정치효능감, 정치관심도, 정치참여를 중심으로」, 『교육문화연구』 24(1), 2018, 100~101쪽.

그러면 여기서 행동주의란 무엇인가? 무엇보다 행동주의는 객관주의 전문 저널리즘과 달리 현실에 대한 '적극적인 개입'이나 시민의 '직접적 행동'을 추구하는 것이다. 나아가 행동주의 커뮤니케이션은 사회 개혁, 분쟁 지역의 참상 전달, 항의 시위의 조직 등 특정한 전략적 동기와 목표를 설정한다. 이를 실천하기 위해 주류 미디어에 의존하기보다는, 소셜 미디어 등 자신들만의 플랫폼 그리고 디지털 도구를 직접 활용한다.

무엇보다 이것은 언론들이 국익을 방어하거나 공동체 위기에 대응하는 과정에서 저널리즘의 '규범을 넘어서' 직접 행동에 나서는 것을 의미한다. 이를 위해 때로는 대중선동을 위한 정보 조작을 빈번히 실천하기도 하였다. 한 예로 미국의 경우 언론의 행동주의는 애국주의patriotism의 형태로 나타나기도 한다. 이러한 행동주의의 한 유형으로 2013년 아리아나 허핑턴 Arianna Huffington의 주장에 주목할 필요가 있다. 허핑턴은 저널리즘은 단순히 저널리즘의 의제 설정agenda-setting에 머물지 말아야 한다고 주장한다. 그는 저널리즘의 시각에서 일이 잘못되어 간다고 판단될 때 이를 '바로 잡아야 한다'는 행동주의 전략을 설정할 것을 강조하였다.[22]

반면에 이러한 행동주의가 행동 편향으로 치우치게 될 경우, 자칫 민주주의 사회에서는 상당한 위험성을 안게 된다. 소위 '반지성주의' 팩트에 관한 집착 현상이다. 다시 말하면 팩트가 객관적 상황을 정확하게 묘사하느냐는 것에 집중하기보다 팩트가 진실인 것처럼 들리느냐를 우선시하는 것이다. 이것은 소위 '팩트물신주의fetishism of fact'로 자질구레한 사실에 과도한 의미를 부여하고 거시적인 그림을 바라보지 못하는 편향성을 뜻한다. 팩트물신주의는 자신의 경험 중심에 절대적 의미를 부여하기 때문에 팩트가 '가용성 편향'을 띠며 오염된 팩트로 변질된다. 이와 같이 정확하지 못

---

22 유용민, 「유튜브 저널리즘 현상 논쟁하기: 행동주의의 부상과 저널리즘의 새로운 탈경계화」, 14~15쪽.

한 미세한 사실을 사용하게 됨으로써 진실이 허위의 형태로 변형되는 결과가 초래된다.[23]

이런 배경하에 SNS는 국가와 국가의 관계에서 발생하는 갈등을 중심으로 자국민을 결집시키고 집합적인 공감대를 형성하는 데 큰 역할을 한다. 민족주의 이슈란 특정 국가의 역사, 문화, 민족성의 쟁점이 다른 나라의 정체성과 갈등을 유발하게 하는 이슈를 총칭하는 것이다.

한일 관계를 예로 든다면, 일본의 독도 소유권 주장으로 부각된 영토 문제, '위안부' 사과 요구 등 역사적 사실과 연관된 부정적 감정 등이 이에 해당한다. 문화적 측면에서는 전 세계적으로 한국 드라마, 음악에 대한 열풍을 일으킨 한류의 글로벌 확산을 겨냥한 집단감정이라 할 수 있는 '혐한류' 등이 일본과 중국 등에서 동시에 형성되기도 하였다. 때로는 동아시아 한·중·일 3국 간에 케이팝K-pop 혹은 한국 드라마, 특정 배우에 관한 잘못된 사실과 내용, 오보에 근거하여 국가 감정이 과도하게 적대감의 형태로 표출되기도 하였다.[24] 이러한 상황은 이제 국가 간 탈경계에 기반한 온라인상의 유튜브 채널 등을 통해 의도적인 행동주의 형태로 나타나곤 한다.

동시에 유튜브 저널리즘은 시민, 대중 또는 공중과 직접적인 연대를 추구하는 성향도 보인다. 유튜브는 이제 디지털 미디어의 환경 변화로 전통적 저널리즘의 권위에 도전하는 위상을 갖게 되었다. 구체적으로 유튜브의 특성은 전통 저널리즘의 지배력을 약화시키는 동시에, '개인'을 부상시키고 개인에게 '권력'을 부여하는 독특한 미디어 방식을 제공하게 되었다. 이러한 속성과 장점은 구체적으로 무엇인가?

---

23 강준만, 「왜 대중은 반지성주의에 매료되는가?: 설득 커뮤니케이션의 관점에서 본 반지성주의」, 『정치정보연구』 22(1), 2019, 41~43쪽.
24 홍주현·이미나, 「유튜브에서 한국 관련 민족주의 이슈의 현저성에 따른 이슈 확산 네트워크 유형 연구」, 177~179쪽.

뉴스의 생산, 유통, 소비의 세 가지 측면에서 볼 때 유튜브 저널리즘은 생산의 측면에서 생산 주체의 다양화를 가져왔다. 디지털 미디어 환경은 '대중'이라는 이름으로 묶여 있던 불특정 다수를 깨워 개인을 부상시켰다. 블로그 등 1인 미디어를 통해 개인의 역량이 확장되는 한편 다양한 층위의 소통과 네트워크를 통해 영향력을 발휘했으나 (중략) 뉴스 생산자로서의 개인이 본격화한 것은 유튜브를 통해서이다. 즉, 유튜브에서는 언론인이 아닌 개인들도 뉴스 생산의 중요한 축으로 기능한다.[25]

이런 이유로 주류언론인 KBS는 기존 언론매체의 입장에서 "유튜브 저널리즘, 공유지의 비극인가 대안 언론인가?"[26]라고 하여 유튜브에 관한 비판 시각을 개진한 바가 있다.

유튜브는 플랫폼으로서 괄목할만한 성장을 거듭해 왔다. 유튜브 저널리즘이 단순히 디지털 포퓰리즘 정서를 자극하고 부추긴다는 부정적 시선에 머물러 있지 않다. 심지어 유튜브가 점차 허위 정보에 의한 음모론 혹은 소위 '디지털 파시즘'적 성격까지 드러내고 있다.[27] 유튜브는 가짜뉴스 생산의 확산경로로 지목되어 전통적 저널리즘의 경계 대상이 되기도 한다. 더욱이 유튜브의 알고리즘은 여론의 다양성을 훼손하며 때로는 민주주의의 위협이 된다는 비판을 받고 있다.[28]

점차 주류 언론에 비해 유튜브를 비롯한 SNS의 영향력이 뚜렷이 증대

---

25 양선희, 「유튜브 저널리즘의 시대, 전통적 저널리즘의 대응현황과 과제」, 『사회과학연구』31(1), 2020, 250~251쪽.

26 KBS 보도, 2021년 12월 26일, https://program.kbs.co.kr/1tv/culture/question 여기서 다룬 주제는 1.언론대신 유튜브 찾는 시대… 유튜브가 바꾼 2021 언론 지형, 2.가세연. 열린공감TV… 대선판 흔드는 변수?!, 3.돈벌이인가, 정치적 표현의자유 활동인가…정치 유튜브 '억'소리나는 수익 실태, 4.가짜뉴스·막말·혐오 유튜브 확성기 된 기성언론, 5. 규제 사각지대 유튜브… 이대로 괜찮은가? 이다.

27 KBS, "유튜브 저널리즘의 명과 암", 2018년 8월 26일, https://news.kbs.co.kr/news/view.do?ncd=4029690 (검색일: 2022. 4. 21).

28 양선희, 「유튜브 저널리즘의 시대, 전통적 저널리즘의 대응현황과 과제」, 251쪽.

하는 추세에 있다. 주목할 것은 유튜브의 장점이나 부정적 기능이 민족주의 이슈와 결합될 때 동아시아의 민족주의 문제가 더욱 첨예하게 부각되는 성향을 보여왔다는 것이다. 가령 유튜브의 이슈 선호(선택)에 따라 한일 간의 영토 분쟁 혹은 일본의 반한 시위 등이 새로운 국면에 들어서며 양국 간 민족감정 표출이 더욱 격화되는 국면으로 이어지곤 하였다. 나아가 과거의 동아시아 국가 간의 집단기억과 연관될 때는, 동아시아 국가 간에 형성된 감정레짐emotional regime의 정형화된 패턴 속에 이들 국가 간의 민족적 갈등은 새로운 양상을 띠게 될 것이다.

III

동아시아의 집단 기억과
역사의 쟁점

1. '동아시아적' 기억공간

동아시아의 '기억공간'은 대체로 민족주의를 부각시키는 장場으로 인식되곤 하였다. 하지만 때로는 민족국가를 넘어 탈영토화의 과정을 거쳐 "기억 간에 새로운 공통의 기억을 만들어 내는" 긍정적인 흐름으로 보려는 시각도 있다. 온라인 민족주의의 긍정적인 한 사례로 일본의 소설가 '무라카미 하루키村上春樹 현상'을 들고 있다. 혹자는 이러한 현상이 동아시아 국가간의 감정적·배제적·인종적 성격을 완화하는데 기여한다고 보고, 동아시아 국민 간 공통의 문화 형성과 공유의 가능성으로 보려고 한다. 곧 잠재적이든 현재적顯在的이든, 한·중·일 대중들 간에는 '범汎 동아시아 공통의 대중문화'의 감정 공유에 대한 염원이 있다. 백지운은 "하루키 현상"을 들어 대중의 감수성이 일국적 제한을 넘어 범 지역적 차원에서 형성되는 현상이라고 지적하고 있다. 일본을 시발로 한국-타이완-홍콩-상하이-베이징으로 확산하는 '노르웨이 숲'의 신드롬을 곧 동아시아 공통문화의 존재 가능성으로 상정하려는 것이다. 이것은 일국적 범위를 넘어 동아시아 전역에 파급되는 광범위한 '문화적 현상'의 하나로 간주하려는 해석이다.[1]

1990년대 이후 동아시아에서는 동아시아 담론의 개념 하에 개별 국민국가를 담아내려는 학술적 시도가 있었다.[2] 이런 노력의 일환으로 특히 한국에서 간과할 수 없을 만큼 심도 있게 이론적/인식론적 정교함을 기하려는 시도가 있었다. 동아시아 담론은 동아시아를 어디까지나 '균질적인' 시공간으로 전제하고 인식하려는 방법론적 개념이다. EU에 버금가는 공동체로서 상정되는 '동아시아'에 과연 한국, 중국, 일본이 포함되고 있느냐는 문제는 늘 논란의 쟁점이 되어 왔다. 동아시아라는 언술은 어떤 의미에서 자귀字句로만 존재하는 것일 수 있다. '상상된 지역 범주'로서의 동아시아와 역사적 공간으로 존재하는 동아시아 간에 여전히 커다란 간격이 존재하고 있다. 중국이 바라보는 '(동)아시아'와 기존 중화주의론을 이탈하여 탈아입구脫亞入歐의 의미를 지닌 과거의 제국 일본의 '동아'의 개념은 상이한 것이다. 중·일의 동아시아 상상想像의 연원은 큰 차이를 보이고 있고, 동아시아는 여전히 국민국가 구심적求心的 성격이 뚜렷한 지역이다.[3] 이런 맥락에서 동아시아 담론은 근간에 들어 "열기에서 거품"으로 퇴조하는 듯이 보인다.[4] 동아시아론은 그냥 거품이라고 인정하기에는 너무나 열을 올렸고 너무나 많은 얘기를 나누었던 담론이었다. 하지만 동아시아는 그 실

---

1 백지운, 「전지구화 시대 중국의 '인터넷 민족주의'」, 『중국현대문학』 34, 2005, 120~122쪽.
2 하루키 현상에 동의하지 않는 이들도 있을 수 있다. 동아시아 담론의 열기는 한국, 일본, 중국의 개별 국가에 따라 판이하게 다르다고 본다. 1990년대에 한국의 동아시아 담론은 최소한 3개국이 하나의 공동체 의식으로 묶을 수 있을 것이라는 기대감을 포함한다.
3 김두진·허인혜, 「동아시아론의 변용(變容)과 지적 계보의 재조명: 학제 논쟁의 유형과 궤적 분석」, 『국제정치연구』 25(2), 2022, 114~123쪽.
4 윤여일, 『동아시아 담론: 1990~2000년대 한국 사상계의 한 단면』, 돌베개, 2016, 18쪽.

체를 인정하기에는 공허한 시공간일 수밖에 없다.[5] 동아시아적 속성을 뭔가 하나의 실체entity로 묶으려는 시도로 보거나 혹은 '상상의 공동체'라는 틀 속에서 바라보려고 할 때, 동아시아의 진면眞面에 관해 많은 의문을 던지지 않을 수 없다.

아이러니한 것은, 동아시아를 '기억의 공간(장소)'의 대상으로 거론할 때, 동아시아 지역의 단위체는 '분열 지향의 국민적(민족적) 갈등 공간'처럼 부각되는 성향이 강하게 드러난다는 사실이다. 이런 상황에서 동아시아 국가 간의 역사 인식과 해석의 상이함이 동아시아 국민·국가 간의 구심성을 더욱 고조시키고 심화시키는 것 같다.

동아시아의 한·중·일 3개국 간에는 언뜻 '역사'보다는 '기억'이 더욱 중요시되는 것 같다. 기억이 민족(국민)의 정체성을 몇 가지 요인을 통해 더욱 부추기게 될 때 기억의 비중은 더욱 커질 수밖에 없다. 근대 역사는 국가 단위로 기억이 총동원된 것으로 간주할 수 있으며, 그들의 역사는 곧 그들의 공식 기억과 분리할 수 없다. 역사가 국민국가의 합법성을 강조하는 기능을 한다면, 기억이란 '민족감정'을 고양하는 역할을 수행한다. 윤해동에 의하면 "기억은 상당히 분열적인 것으로, 기억은 실체가 있다기보다는 '기억하는 행위'를 반복할 뿐"이라고 강조한다. 특히 동아시아에 있어서는 바야흐로 '역사의 시대로부터 기억의 시대'로 전환하는 성격이 더욱 뚜렷이 나타나고 있다.

> 기억이란 개별적이고 다양하며, 그런 점에서 분열적이고 유동하는 것이다. '과거'와 관련하여 정치 사회적 변화가 일어나게 되면, 공식 기억은 동요하게 되고 기억은 분열한다. (중략) 체험된 사실이 그대로 보존되어 기억의 심층에 묻힌 채 존재하다가 어떤 계기로 드러나는

---

5 홍원식, 「동아시아 담론의 어제와 오늘」, 『오늘의 동양사상』 14, 2006, 50쪽.

그런 것이 아니다. **기억이라는 실재는 없으며**, 현재의 자기 위치에 비추어 계속적으로 **기억하는 행위**, 곧 **회상=기억하기**re-membering**만 존재**할 뿐이다.[6]

민족국가는 본질적으로 집단기억과 역사 서술을 둘러싼 투쟁이 벌어지는 최종적인 장場으로 여겨지고 있다. 이런 맥락에서 동아시아는 민족주의적 집단기억이 다시 공식 기억으로 독점적 지위를 재탈환하려는 갈등 공간으로 비쳐진다. 동아시아 국가 간에는 영토, 역사, 사회 및 문화 영역을 둘러싸고 빈번히 '기억의 과잉', '과거의 과잉'으로 점철되어 여타 국제사회와 다른 특이한 갈등 양상을 보이고 있다. 이러한 '기억 전쟁'이야말로 흔히 민족주의적 갈등의 핵심 기저로 연결되게 된다.[7]

특이한 사실은 동아시아 국가 간에 반드시 가해자와 피해자의 관계만 존재한다기보다, 때로는 가해자이면서 동시에 피해자가 되기도 한다는 것이다. 경우에 따라서 같은 민족 내에서도 가해자와 피해자로 나누어지거나 상황이 전도轉倒되기도 하는 특이한 지구적 기억공간의 성격을 띤다.[8] 이러한 기억은 동아시아의 역사와 필연적으로 연루되어 있다.

넓은 의미에서 역사는 기억의 일부이지만, 실제 집단 기억과 역사는 '다른' 원리에 의해 움직인다. 권윤경은 때론 기억과 역사가 제로섬 게임이

---

6 윤해동, 『트랜스내셔널 역사학과 식민지근대』, 책과함께, 2018, 212쪽.
7 '과거의 과잉'에 관해 손기영, 「기억되는 과거의 과잉」, 『아태연구』 24(2), 2017 참조. '기억전쟁'에 관해서는 임지현, 「전지구적 기억공간과 희생자의식: 홀로코스트, 식민주의 제노사이드, 스탈린주의 테러의 기억은 어떻게 만나는가?」, 『대구사학』 125, 2016.
8 류석진, 「디지털 기억공간에서 민족주의가 발현되는 방식에 대한 연구: 한중일 네티즌의 갈등사례와 정체성을 중심으로」, 80쪽. 예를 들어, 반일감정을 둘러싸고 '위안부'에 관한 인식 혹은 '식민지 근대화론' 등에 관한 시각의 차이로, 한국 내에서 끝없는 사회세력 ―학술적 혹은 보수―진보 사이에― 간의 대결은 마치 가해자와 피해자 간의 나뉨으로 상정할 수 있다. 누가 가해자이고, 피해자인가에 관한 관점은 그 쟁점의 시발과 관점에 따라 그 위치가 달라질 수 있다.

될 때, 공유된 기억 혹은 공유된 역사에 도달할 가능성이 사라진다고 보아 기억과 역사의 '대립성'을 지적하고 있다.[9]

> 기억의 본령은 **정체성**이지만, 역사의 본령은 **진실 탐구**이다. 기억은 집단 내부의 논리에 따라 움직이지만, 역사는 다양한 기억들을 매개 하여 최대한의 객관적 진실에 도달하고자 한다. 역사가는 신화를 해 체하고, 불편한 기억을 상기시키고, 과거 상황의 복잡성을 드러냄으 로써 종종 집단 기억과 대립하게 된다.[10]

이런 맥락에서 앞서 언급한 바와 같이, 기억의 과잉은 '역사의 과소過小' 의 소지를 안고 있다.[11] 최근 동아시아의 한국, 일본, 중국 간의 갈등을 빚 고 있는 문제의 진원지는 역사가 아니라 서로 다른 기억(집단기억)이다. 역사에 대한 해석의 다름으로 동아시아의 국가들은 기억에 대한 상호 집 착에서 벗어나지 못하는 것이 갈등의 동인이 되고 있다. 예를 들어 동북공 정의 갈등은 오히려 기억의 결과로 봐야 한다. 나아가 국가 상호 간에 **기 억의 오용**abuse of memory과 **기억의 강박증**obsession of memory의 잠재성도 재인 식해야 한다. 안병직은 역사보다도 기억이 갈등의 요인이 된다고 강조한 다. 때론 역사가의 시각보다는 사회 일반 여론의 영향이 더 지배적이라는 사실에 주목해야 한다. 구체적으로 미국의 역사가 마이어Maier가 언급한 홀 로코스트의 기억의 과잉surfeit of memory, 그리고 프랑스 역사가 루소Rousso가

---

9 노라(Nora)도 역사는 탈신성화시키고, 속화시키고 물화시킨다고 강조한다. 또한 역 사란 객관화시키고, 몰개성화시키는 작업이다. Pierre Nora et al, 김인중 외, 『기억 의 장소』, 나남, 2010 참조.
10 권윤경, 「프랑스의 2차대전 점령기 및 비시(Vichy) 정권의 기억에 관한 논쟁(1944~ 현재)」, 『주요선진국 역사논쟁 사례연구 결과 보고서』, 대한민국 역사박물관, 2013, 25쪽.
11 정강산, 「기억의 과잉, 역사의 과소, 아디오스 프루스트: 프루스트적 시간론에 대한 비판적 시좌」, 『뉴 래디컬 리뷰』 82, 2019 참조.

지적한 나치 점령기 비시체제에 대한 프랑스의 집단기억과 관련된 '기억의 강박증'이 곧 기억의 폐해이다.[12] 집단 기억은 훨씬 통합된integrated 기억으로 쉽게 소멸되지 않고 지속성을 가진다. 백영서의 표현을 빌리면, 기존의 민족주의 연구가 '제도로서의 학문'에 의해 크게 영향을 받았지만, 온라인 공간의 민족주의에 대한 이론화는 탈제도적인 혹은 비제도적인 '운동으로서의 학문'의 소산으로 나타나는 경향이 있다.[13] 이런 맥락에서 온라인 공간의 언술은 고정된 '역사'의 재현을 넘어서 다양한 개인(대중) 기억의 재현이기도 한 점에서 인터넷 민족주의의 속성과 밀접히 연관되게 된다.

2. '역사'와 '기억'의 변증법적 사유(思惟)

'역사'와 '기억' 간의 대항 논리는 한마디로 '역사가 된 기억'과 '역사가 되지 못한 기억' 사이의 전쟁, '공식'역사와 '비공식'역사의 싸움이라 할 수 있다.[14] 기억과 역사는 때론 양자 간에 화해가 있을 수 있으나, 본원적으로 갈등 관계로 대립하는 경우가 허다하다.

과거에 대한 개인들의 기억은 일상생활 공간을 통해서 의사소통 수단에 의해 자연스럽게 전승되어 진다. 그렇지만 그 기억이 곧바로 역사가 되는 것은 아니다. 일상의 삶 속에서 전승된 사적 기억이 다양한 제도화의 과정을 거친 후 공적 기억으로 진화될 경우, 그것은 더 이상 기억이 아니라 '역사'가 된다. 임지현에 의하면 "만남과 헤어짐을 반복하는 기억과 역사는 기본적으로 서로 싸우는 관계"라고 보았다. 그리고 "이 싸움의 승자는 대개

---

12 안병직, 「동아시아의 역사 갈등과 한국사회의 집단기억」, 『역사학보』 197, 2008, 204~208쪽.
13 백영서, 『사회인문학의 길: 제도로서의 학문, 운동으로서의 학문』, 창비, 2014, 8쪽.
14 김응종, 「피에르 노라의 기억의 장소에 나타난 기억의 개념」, 『프랑스사 연구』 24, 2011, 116쪽.

는 역사"였으며, 뒷전으로 물러난 기억은 역사의 하위 범주로 종속된다.[15]

싸움의 승자가 대체로 역사라는 사실은 틀린 말은 아닐 것이다. 그럼에도 불구하고 동아시아에서는 '역사'와 '기억'의 문제는 끝없는 싸움을 하고 있고, 역사 너머로 '기억'의 영향력이 오히려 더 절대적인 것처럼 보일 때도 있다. 특정 국가 간 혹은 특정 국민의 정체성 간의 갈등 양상의 진원은 역사이기보다는 바로 '기억'일 때가 많다. 그 기억의 형태는 '민족기억'이나 혹은 '사회적 기억'으로, 때로는 소수자에 의해서만 공유된 '사적 기억' 그리고 사적 기억이 모여 응결된 '집합기억', 그리고 '집단기억collective memory'으로 나타난다.[16] 주지할 것은 집단기억은 그 집단 구성원들과 다른 집단을 '구별 짓는' 정체성을 형성해 왔다는 것이다. 이로 인해 집단기억은 집단 외부에 대해서는 배타적이지만, 집단 내부에 관해서는 지속성, 연속성, 동질성의 의식을 공고히 하여 그 구성원을 결속시킨다.[17]

최근 기억의 담론이 빈번히 유행하고 있다. 국내에서의 '과거청산'만큼 동아시아 전반적으로 '기억의 정치', '기억의 전쟁', 혹은 '기억과 역사의 투쟁' 등의 말들이 분출하고 있다. 역사와 기억은 때론 대립되기도 한다. 그럼에도 불구하고 '기억'이라는 말이 상식적으로 '역사'라는 말 대신에 남용되기도 한다. 기억과 역사가 상위相違하는 현상은 어쩌면 피할 수 없는 숙

---

15 임지현, 「전유된 기억의 복원을 위하여」, 『기억과 역사의 투쟁』 당대비평특별호, 삼인, 2002, 3쪽.

16 집단기억(collective memory)은 집합기억(collected memory)과 다르다. 집합기억은 집단구성원 개개인의 기억을 수집한 것이다. Jeffrey K. Olick, 강경아 역, 『기억의 지도』, 옥당, 2011, 44, 57쪽 참조. 전진성에 의하면, '집합기억'은 기껏해야 개인적 기억의 연장이나, 개개의 하위집단들의 기억이 뒤섞인 것이다. 전진성, 『역사가 기억을 말하다』, 서울: 청아문화사, 2005, 49, 93쪽. 알박스가 주목한 '집단기억'의 고유의 역동성이란, 집단 외부에 대해 '배타적'이나, 집단 내부를 향해, '지속성, 연속성, 동질성'의 의식을 낳는다. 중요한 것은 '역사'는 유기적 관계를 가질 수 없는 기억된 과거인 반면에, '집단기억'은 '생생한 기억'으로서 그 집단 구성원들에게 '구체적' 정체성을 제공해 주는 '능동적 과거active past'로 이해한다. Maurice Halbwachs, *On Collective Memory*, University of Chicago Press, 1992 참조.

17 양호환, 「집단기억, 역사의식, 역사교육」, 『역사교육』 109, 2009, 4~5쪽.

명일지 모른다.

> 상식적으로는 '역사'라는 말이 사용되어야 할 곳에 **버젓이 '기억'이라
> 는 말이 사용되고 있다. '기억'이라는 말이 남용되고 있다**는 인상을
> 받는다. '역사'가 '사실'로서의 권위를 상실하고, 그저 하나의 기억,
> 역사가의 기억 정도로 격하되고 있는 것일까? (중략) '다른' 역사를 쓸
> 필요가 생겨나고, 여기에서 '기억'의 가치가 새로워지는 것이다. 역
> 사와 기억의 간격이 벌어질수록 역사에서 기억으로의 회귀가 절실해
> 진다. 역사에 대한 불신이 심해질수록 본래 어떻게 기억되고 기록되
> 었는지 알고 싶어지는 것이다.[18]

더욱이 여러 양태의 '집단기억'들은 특히 탈냉전 이후 동아시아의 한국,
일본, 중국 간 관계뿐만 아니라 국가의 정체성과 연계된 역사적 쟁점 등에
심대한 갈등을 야기시켜 왔다. 그 파급 효과 역시 지역적 차원에서 화해
혹은 해소시킬 수 없을 만큼의 원심성centrifugal을 드러내곤 하였다. 이러한
동아시아 지역 내의 '기억의 정치'는 '민족적' 혹은 '국가적' 서사와 담론을
동반할 때가 더욱 빈번해졌다. 그것은 때론 상상력을 초월하는 파급 효과
를 보이며 국가 간 감성(감정)의 충격적 힘을 가진 '대항기억'을 불러일으
키며 급부상浮上하곤 하였다. 나아가 특정한 집단기억의 경우, 그것은 과거
의 기억 이상의 그 무엇을 지닌 동시에, 그 기억과 관련된 담론은 이미 일
정한 **정치적·현재적** 요구를 반영하고 있다. 기억은 때로는 '역사라는 이름
으로' 담론을 생산해 내게 된다. 그리고 그 생산의 주체는 대부분 근대 국
민 국가였다.[19] 근대 국가의 시민들의 '기억'에 대한 태도를 규명함에 있어,
임지현은 "국민으로 만들어진 시민들은 자신들의 기억과 욕망을 접고 '국

---

18 김응종, 「피에르 노라의 기억의 장소에 나타난 기억의 개념」, 115~116쪽.
19 임지현, 「전유된 기억의 복원을 위하여」, 3~4쪽.

가가 만들어낸' 기억과 욕망을 소비하는 대상으로 전락하고 말았다"라고 지적한다.[20]

그런데 주지해야 할 사실은, 특히 21세기의 현상으로서, '온라인 공간에서의 기억'은 반드시 국가가 만들어 낸 기억과 욕망에 의해 주도되어질 필요가 없게 되었다는 것이다. 게다가 사적인 서사와 담론이 주도하는 '검증되지 않는 기억'에 조차 역으로 국가가 의존하게 되는 경향이 있음을 상정하지 않을 수 없다. 위에서 임지현이 언급한 논리인, '시민들이 자신들의 기억과 욕망을 접고 국가가 만들어 낸 기억과 욕망을 소비하려는' 것의 역류 현상을 예상해야 하는 것이다. 즉, 개인의 —사적인 혹은 사적인 것의 집합적인 것— 기억과 욕망을 국가가 오히려 소비하려는 역설을 목격하기에 이르렀다.

'기억 담론'의 강세는 역사의 약화 혹은 역사의 과소에서 비롯될 수 있다. 역사적으로 이미 19세기 말 무렵 서구 지식사회에서 '역사의 상실'의 경향이 나타난 적이 있다. 그 이전에 19세기의 서구인들에게, 그리고 20세기에는 비서구인들에게 까지도 역사란 "마치 거대한 기념비처럼 웅장하며 대하大河처럼 숭고하고 법정과 같이 엄정한 존재"로서 개인 혹은 공동체에게 존재의 이유(근거)와 지향점을 제시해 주는 역할을 했다. 기억이란 것이 여전히 "자의적이고, 산만하며, 변덕스럽고 신뢰성이 없는" 것임에도 불구하고, 기억을 논하게 되는 것은 "역사의 이러한 무거움"을 과감히 벗어던지게 하는 것이기 때문이다. 하지만 역사가 더 이상 우리 존재의 보편적 기준이 되지 못할 때, 개인 혹은 특정 집단에게 '골동품적 대상'으로 격하된다.[21]

---

20 임지현, 「전유된 기억의 복원을 위하여」, 4쪽.
21 전진성, 『역사가 기억을 말하다』, 16~17, 19쪽.

이런 의미에서 21세기 초에 들면서 '역사와 기억'이라는 명제를 다시 꺼내게 되는 것은 반드시 20세기에 일어났던 여러 유형의 '재난'이나 '학살'이라는 '핏빛 기억'을 되살리려는 것을 뜻하지 않는다. 1990년대의 탈냉전을 경험하면서, 기억의 '교정'을 통해서 역사를 '다시 쓰는' 것이 다시 한번 세계적 관심으로 주목되기 시작하였고, '보편적·문화적' 실천 및 사실로 수용되었다. 중요한 것은, 이 의식적인 역사 다시/고쳐 쓰기의 문화적 실천의 과정은 의도하지 않게 역사 서사의 '정치성'과 '내재적 권력 기제'를 드러내게 되었다.[22]

기억은 '탄력성'을 발휘하게 되고 역사 인식에 새로운 영향impact을 주게 된다. 기억은 한편으로 안정성을 가지는 것이기도 하지만, 다른 면에서 무한정하게 변화될 수 있는 것이다. 기억의 탄력성은 일정한 제도의 틀 속에서도 재구성되거나, 제도적 틀에 의해 그 선택과 윤곽이 정해지기도 한다.[23]

기억의 '재구성'이란 파편화되어 흩어져 있는 관련 지식이 취합되어 재구성되는 것을 말한다. 이러한 과정에서 기억에 '의도가 개입되는' 것을 피할 수 없다. 만약에 기억이 특정 집단 —예를 들어, 민족, 종족 혹은 개인 또는 국가이든— 에 의해 의도적으로 재구성되는 것이라면 그 기억은 불가피하게 **권력적**이다. 기억remembering의 대상이란 과거 자체보다는 텍스트이다. 집단기억의 개인(대중)들이 텍스트와 마주하면서 자신의 존재를 구성해 내고 드러내게 된다. 대중은 기억하는 행위자인 동시에 매개자이다. 그들이 취하게 되는 문화적 도구cultural tools라는 것은 텍스트화 과정에서, 어떤 표현 수단을 사용하는가의 문제와 연관된다. 집단기억은 개인 기억

---

22 다이진화, 김정수 역, 「역사와 기억, 그리고 재현의 정치」, 『문화과학』 79, 2014, 286~287쪽.
23 전진성, 『역사가 기억을 말하다』, 359~360쪽.

의 집합이나 나열이 아니다. 과거에 일어난 사건은 그 자체로 다가오는 것이 아니라, 의미, 의사소통, 그리고 생각 등이 텍스트화를 통해 '구조화'되어 전달된다. 이것은 그 텍스트에 어떤 내용, 즉 어떤 서사로 표현할 것인가와 밀접한 연계가 있다.[24]

이런 맥락에서 사이버 공간에서 개인 혹은 집합적인 서사에 의해 '기억'
—민족기억 혹은 국가(애국)와 연계된— 의 미명하에 부추겨지는 '온라인 민족주의'의 담론 혹은 서사 또한 더더욱 새로운 탐구 영역으로 그 중요성 significance을 지니게 된다. 전진성에 의하여, "역사 서술은 특유의 내러티브' 구성을 통해 과거에 대한 망각을 완수하고 그럼으로써 새로운 정체성의 확립에 기여한다"고 강조되었다.[25] 나아가 전진성의 주장처럼, '역사에 의한' 정체성 확립의 기능 못지않게 '기억' 혹은 '기억 만들기'에 의한 온라인 공간의 내러티브 역시 기존 (역사에 의한) 정체성을 겨냥한 대항 정체성으로 기능할 수 있다. 그 결과 집단 정체성은 반드시 사회적 통합이 아닌, 갈등 표현의 결과이기도 하며, 그런 이유로 단수가 아닌 '복수'의 형태를 띠게 된다.[26] 이런 맥락에서 집단기억과 연계하여 살펴보려는 온라인 공간의 민족주의 연구는 신선한 함의가 있을 것으로 본다.

---

24 양호환, 「집단기억, 역사의식 역사교육」, 『역사교육』 109, 2009, 12~13쪽; James V. Wertsch, *Voices of Collective Remembering*, Cambridge: Cambridge University Press, 2002, pp. 13~14, 33.

25 전진성, 『역사가 기억을 말하다』, 108쪽.

26 전진성, 『역사가 기억을 말하다』, 94쪽.

3. 동아시아의 '기억의 경쟁'과 '기억의 규제'

피에르 노라Pierre Nora에게 기억이란 무엇인가? 우선 기억이란 망각의 반대말이 아니며(기억은 망각을 포함한다) 회상의 동의어도 아니라고 본다. 노라에게 기억은 단순히 내용물이 아니라 하나의 '틀'로 간주된다.

> 기억이란 사실상 내용물이라기보다는 하나의 틀, 언제나 가변적인 쟁점이고, 전략들의 집합이며, 존재하는 것으로서 보다는 만들어지는 것으로서 더욱 가치가 있는 어떤 실재實在, être-là이다.[27]

최근에 기억으로의 쏠림 현상은 미래에 대한 전망이 불투명해진 결과라는 주장이 있다. 미래에 대한 환상이 깨어질 경우, 돌아갈 곳은 '과거'였고, 그리하여 과거의 영광에 몰입하게 된다. 그 이유의 한 예로 —노라의 주장을 빌려— 흥미롭게도 프랑스가 국제적 위상이 하락하면서 "역사에서 기억으로 회귀"하게 되었다.[28] 프랑스는 드골주의의 종언, 좌파 전체에 충격을 준 마르크스주의와 공산주의의 쇠락, 지난 천년에 걸친 기독교적이고 농민적인 삶의 종언, (프랑스) 식민지 제국주의의 몰락, 강호 대오에서의 탈락과 통합 등으로 뿌리째 흔들리면서, 프랑스인들은 '역사에서 기억'으로의 인식의 전환을 경험하게 된 것이다.[29]

앞에서 노라가 언급한 '기억으로의 회귀'는 다소 비관적인 배경에서 비롯된 것으로 보인다. 반면에 기억이 역사를 바로잡는 —다소 충격적일 수있는— 사례로서의 기억으로 회귀하는 경우가 있다. 오랫동안 프랑스 사회를 달군 제2차 세계대전 당시의 과거사 논쟁은 앞서 언급한 것처럼 결코

---

27 Nora et al, 김인중 외, 『기억의 장소』, 14쪽.
28 김응종, 「피에르 노라의 기억의 장소에 나타난 기억의 개념」, 119쪽.
29 김응종, 「피에르 노라의 기억의 장소에 나타난 기억의 개념」, 120~121쪽.

'더 영광스러웠던' 과거로의 복귀하려는 기억 회귀는 결코 아니었다. 단지, 기억으로의 회귀가 역사를 바로잡게 된 한 가지 전형이다.

제2차 세계대전 때 기억의 장소는 소위 '과거청산'에 얽힌 의미를 상기시키는 단순한 과거 문제가 아니었다. 결국, '비시 신드롬'은 프랑스의 제2차 세계대전 과거 처리의 실패를 의미한다. 따라서 신드롬화 된 비시 논쟁은 역사가들에게 위기의식을 심어 주었다. 바야흐로 '기억의 정치', '집단 기억' 및 '기억의 의무'가 공론에 부쳐지면서, '과거의 기억이 역사를 잠식'하게 된 것이다. 결국 '대항 기억'들이 역사를 쇄신하여, 종전의 역사적 신화를 해체하였다. 불편한 기억을 상기시켜 과거 허물(역사)에 도전하는 자양분을 주게 되었다.[30] 기억이 역사를 바로잡는 한 선례를 추가하게 된 것이다.

그럼에도 불구하고, '기억의 의무'와 '기억의 숭배cult of memory' 간에는 경계가 불분명하고 모호하다. '기억의 과잉' 혹은 '기억의 강박증'은 역사에 어떤 영향을 줄 것인가? 빈번히 기억으로의 회귀에는 기억의 왜곡이 숨어 있다. 그것은 한편으로, 기억의 과잉 혹은 기억의 강박증의 형태로 표현될 수 있다. 다른 한편으로, 서구의 경우 '홀로코스트 부정否定'에 관한 법적 규제를 통해 '규제를 통한 기억하기' 혹은 '규제를 통한 사회적 기억의 구성'으로 나타나면서 홀로코스트의 기억을 **법적 규제에 의한** '사회적 기억 만들기'의 상황으로 전개한 사례를 목격하게 된다.[31]

동아시아 내 기억의 강박증에 관해, 안병직은 '기억의 의무'와 '기억의 숭배'라는 화두로 한일 관계를 들어 논하고 있다. 한국 사회에서 기억의

---

30 권윤경, 「프랑스의 2차대전 점령기 및 비시(Vichy) 정권의 기억에 관한 논쟁(1944~현재)」, 24~25쪽.

31 이소영, 「기억의 규제와 '규제를 통한 기억하기'?: 홀로코스트 부정(Holocaust denial) 규제 법제와 사회적 기억의 구성」, 『법학연구』 21(4), 2013.

의무가 지나쳐 기억의 숭배로 나아가고 있음을 우려하고 있다. 해방 후 70여 년의 시간이 지나고 식민 지배를 직접 체험한 세대가 사라졌음에도 불구하고, 후속 세대가 반일감정을 공유하고 오히려 심화되는 현상을 기억의 과잉이라 하지 않을 수 없다.

> 기억의 숭배는 홀로코스트의 기억에 비해 일제 식민 지배의 기억에서 더 두드러지는 면이 있다. 역사상 미증유의 비극임을 강조하는 홀로코스트의 기억에서는 구미사회의 역사가들이 그래도 비판을 제기하지만,[32] 일제식민 지배의 기억에 대해서는 한국 사회 내에서 **일절 비판이 없기** 때문이다. 식민 지배의 기억에 관한 한 한국 사회는 그야말로 동질적이고 천편일률적이다. 모두가 (중략) '기억의 비판자' 역할을 기피한다. (중략) 일제 식민지의 기억은 반일정서의 원천이고 **반일정서는 그것을 수호하는 성채**라고 할 만하다. (중략) 그것은 이 기억에 대한 어떤 이견이나 비판도 용납하지 않는다.[33]

서구의 예로, 프랑스 내에서 기억 담론이 만발하게 된 요인의 하나는, 역사의 선도자로서의 프랑스 영광 —점차 사라져 가는— 에 대한 희구이다. 특히 시기적으로 탈민족주의적 EU의 등장으로, 다시 한번 프랑스의 영광을 기억하고 정체성을 확립할 필요가 생김으로써, 프랑스의 역사는 '기억의 장소'로 떠오를 수밖에 없었다.[34]

동아시아의 기억 담론 역시 시기적으로 유럽과 유사하게, 탈냉전의 시

---

32 홀로코스트 기억에 관한 비판이란 홀로코스트에 관한 학술적 시각의 비판이라기 보다, 오히려 허구적인 홀로코스트에 관한 저작들에 의한 '거짓기억 증후군'을 의미하는 것이다. 한 예로, 코진스키(Jerzy Kosinski)의 소설『페인트로 얼룩진 새』에서 저자가 자전적 소설처럼 썼으나, 코진스키의 주장과 사실 사이에는 괴리(거짓)가 있고, 그의 이야기는 조작된 것으로 판명되었다. 이 외에도 유사한 사례가 실재한다. 이에 관해 서길완,「기억, 트라우마, 증언: 토니 모리슨의『빌러비드』와『솔로몬의 노래』를 중심으로」, 건국대학교 박사학위논문, 2010, 25~29쪽.

33 안병직,「동아시아의 역사 갈등과 한국사회의 집단기억」, 208~209쪽.

34 김응종,「피에르 노라의 기억의 장소에 나타난 기억의 개념」, 124~125쪽.

기와 맞물려 있는 것 같다. 윤여일이 서술하였듯이, 동아시아 담론에 관한 연구는 태반이 1990년대 초 소련과 동구권의 몰락으로라는 핵심어로 시작한다.[35] 이 무렵 동아시아 담론과 연관하여 동아시아적 시각을 제시하려는 시대 과제에 직면하면서, 자연스레 동아시아 3국이 불가피하게 —의식적이든 무의식적이든— 기억 전쟁을 부추기게 된 잠복성도 가정해 볼 수 있다.[36] 나아가 동아시아는 우리에게 주어진 공간적 개념이 아니며, '균질적이고 공허한' 시공간을 전제로 한 인식이다. 동아시아는 '한국', '일본', '중국'이라는 국민적 기억의 틀을 "일단 괄호 안에 넣기 위한" 개념일 뿐이다.[37] 이와사키 미노루岩崎稔는 동아시아 기억의 장은 국민국가 단위로 대칭적으로 서술할 수 없는, 더구나 비대칭적인 여러 요인이 복잡하게 얽힌 기억의 장場으로 규정한다.

> 동아시아 기억의 장(場)을 국민국가 단위로 대칭적으로 서술하는 것이 아니라 식민주의, 계급투쟁, 젠더 분할이라는 비대칭적인 권력관계도 포함된 연쇄나 분열을 역사화(歷史化)해 가면서 해명하는 것이다. '일본에서는', '한국에서는'이라고 단순히 구분 지을 수 없는 장소, 복수의 '국민적' 기억의 장 사이에 존재하는 틈과 같은 '비(非)장소', '어디'에도 속하지 않는 이야기, 어둠에 놓인 것, 그러한 기억의 국민경제로부터 벗어난 경험을 사고하지 않고는 '동아시아 기억의 장'을 논할 수 없다.[38]

---

35 윤여일, 『동아시아 담론: 1990~2000년대 한국 사상계의 한 단면』, 26쪽.
36 그것은 마치 프랑스가 자국의 영광을 회상하고자 했듯이, 동아시아라는 틀 내에서 동아시아 3국이 각각 기억담론의 재구성에 관한 강박감을 느꼈을 수도 있다. 이러한 것이 기억의 '강박증' 혹은 '과잉'의 형태로 나타날 수도 있었을 것이다.
37 이와사키 미노루·이타가키 류타, 정지영 역, 「기억으로 동아시아 생각하기: 동아시아 기억의 장 탐색」, 『역사비평』 2월호, 2013, 286~287, 304쪽.
38 이와사키 미노루·이타가키 류타, 정지영 역, 「기억으로 동아시아 생각하기: 동아시아 기억의 장 탐색」, 306쪽.

이런 배경에서 서유럽과는 달리 동아시아(동북아)는 경제적 경쟁, 안보 긴장을 비롯하여 정체성 갈등이 부정적으로 불안정한 악순환의 연쇄 메커니즘을 만들어 낸 사례이다. 바로 국민국가로서 한·중·일의 관계는 이를 잘 반영하고 있다.

한국의 경우 중국과의 관계에서 나타나는 집단 기억 전쟁의 한 예는 고구려에 관한 기억이다. 이것은 동북공정 관련 기억이기도 하며, 동북공정의 갈등 양상은 기억 현상의 원인이 아니라 기억의 결과로 나타난 것이다. 이 기억은 곧 한중 간의 내셔널리즘을 부추기는 쟁점으로 비화하였다. 고구려에 대한 기억은 희생자적인 기억이 아니라, 민족의 영광과 관련된 집단 기억에 속한다. 이렇듯 한국 사회가 기억하고자 하는 고구려의 모습은 중국을 비롯한 주변 세력에게 위협적인 강대국이었다. 안병직은 고구려의 기억은 과거를 단순하게 복원한 것이라기보다는, 기억의 과정에서 "현실적 상황과 욕망이 개입"한 것으로 본다. 또 "실로 시간상으로 아득히 먼 이 고대 국가에 대한 기억이 과거의 경험을 순수하게 되살리고 있다고 믿는 사람은 '많지 않다'"고 강조한다.[39]

그렇다면 소위 잘못된 기억이라고 간주되는 —그 규제의 근거가 법이라면— 그 잘못된 기억을 법적 규제를 통해, 그 기억을 사회적으로 '재기억 만들기'를 하여 새로운 사회적 기억으로 생성하여 보존될 수 있는가? 만약에 더구나 그것이 '기억'과 '역사' 간 상호 대항 논리가 한창 진행 중일 때, 그 판단은 학자의 소임인가 아니면 사법 기관의 의무인가?

최근 한국 사회에서 박유하의『제국의 위안부: 식민지 지배와 기억의 투쟁』을 둘러싼 법적 판결의 정당성의 진원지는 '역사'인가 아니면 '기억'인가? 박유하의 저서는 2013년의 초판에 이어, 2015년 제2판은 『34곳 삭제

---

39 안병직, 「동아시아의 역사 갈등과 한국사회의 집단기억」, 213~215쪽.

판』이다. 한마디로 '기억의 규제'의 한 결과물인 것이다.

유럽의 홀로코스트 법안의 경우는 무려 15개국 이상의 국가에서 홀로코스트 부인에 관한 행위를 처벌하는 법률을 가지고 있다.[40] 우리의 문제의식은 '기억의 규제'가 생산해 내는 '규제를 통한 기억하기', 즉 법적 규제를 통한 '사회적 기억' 구성하기를 어떻게 바라볼 것이냐의 문제이다.[41]

> 기념의 제도화가 '특정한 과거를 기억하도록 하는' 것이라면, 기억의
> 규제는 특정한 과거를 특정한 방식으로 **기억하도록**, 혹은 특정한 방
> 식으로 **기억하지 못하도록** 하는 장치이다.[42]

신동규는 일본 총리 아베 신조安倍晉三의 왜곡된 역사 인식과 일본의 우경화 현상을 우려하는 대한민국의 정서 가운데 박유하가 『제국의 위안부』를 통해 논란을 일으키고 있다고 비판의 포문을 연다. 신동규는 박유하가 피식민자들이 가지는 '피해의 기억'을 지우고, 제국, 신민 사이에 형성된 '연민의 기억'을 끄집어낸다고 강조했다. '피해의 기억'이 아닌 '연민의 기억'을 강조하면서, 조선인 종군 위안부와 일본군의 관계를 '동지'이자 '협력자'로

---

40 김희정, 「역사적 사실을 부인하는 행위에 대한 제재 법률의 헌법적 정당성」, 『고려법학』 67, 2012, 85~90쪽. 포르투갈, 스페인, 스위스를 제외한 대부분의 유럽국가, 즉 독일, 벨기에, 오스트리아, 폴란드, 루마니아, 체코 등의 국가에서 홀로코스트 사건을 부인하거나 축소시키거나 할 경우에, 최대 10년의 징역형에 처하고 있다. 스페인은 1996년 처벌법을 도입하였으나 2007년 11월 헌법재판소가 표현의 자유를 침해한다는 근거로 위헌 판결을 내렸다.

41 홀로코스트 부정(denial)에 관한 법적 규제에서 해석의 쟁점 가운데 하나는 역사를 '사실'로 해석하느냐 아니면 가치판단이 포함된 '담론적 구성물'인가이다. 홀로코스트 왜곡에 관한 규제 강화가 본격적으로 논의된 것은 90년대 후반부터이었다. 프랑스 리옹(Lyon)대학 문학교수 포리송은 르 몽드 지에 홀로코스트를 부정하는 글을 기고하였다가 법률에 의거하여 벌금형에 처해지고, 대학에서 해직되었다. 이에 독일 철학자 놀테(Nolte)는 자신의 저서 "유럽 내전"에서 홀로코스트를 부정하는 주장에는 동의할 수 없지만 홀로코스트에 대한 공식 역사는 과장된 면이 있으며, 포리송의 용기있는 언급에 경의를 표할 만하다고 하여 논란을 불러 일으켰다. 이소영, 「기억의 규제와 '규제를 통한 기억하기'?」, 416, 419쪽.

42 이소영, 「기억의 규제와 '규제를 통한 기억하기'?」, 412쪽.

규정하고, 폭력의 책임을 민간인 '업자'에게 전가한다고 지적하고 있다.[43] 그는 어쨌든 식민지 조선인 위안부들의 경험을 새롭게 역사의 장으로 끄집어내 "새로운 기억 질서"의 구축을 시도하고 있다고 비판한다. 신동규의 논문 제목에서도 단언하듯이 박유하의 논지를 한마디로 "비역사적 내러티브"라고 단정 짓고 집단기억과 집단감정에 도전하고 있다고 비판한다.[44]

반면에 박유하는 역사적 사실을 제시하고 있다고 주장하며, 위안부의 기억에 관해 '하나의 이미지'만을 주장하지 말라는 입장이다. 하나뿐인 '조선인 위안부' 이야기하지 말고, '우리가 원하는 위안부'의 모습만을 논하지 말고, '소거되는 기억들'의 진상을 밝힐 것을 주장한다.[45] 박유하의 입장에서는 자신은 '역사'를 말하려고 하는 것이며, 다른 이들이 —집단기억 혹은 집단 감정이— 그동안 듣고 싶지 않은 기억을 소거한 채, '새로운 기억을 만들어 온' 것이라고 설파하고 있다.

> '해결'해야 하는 하나의 문제가 있을 때 그에 대해 가능한 한 많은 정보가 필요하다는 건 두말할 나위도 없다 (중략) 하지만 **그 정보에는 때로 듣고 싶지 않은 이야기까지 섞여 있을 수** 있다. 그런데 이 20년은 **그중에서 듣고 싶은 이야기만 취사선택해서** 들어왔고 그에 바탕을 둬 위안부에 관한 **새로운 '기억'을 만들어 온** 세월이기도 하다 (중략) '위안부'가 20만 명이 있었다고 한다면, 또 그중에서 80%가 조선인이었다고 한다면, 2012년 현재까지 등록된 234명이라는 숫자는

---

43 신동규, 「홀로코스트 부정의 논리와 박유하의 『제국의위안부』: 비역사적 내러티브 구축을 통한 집단기억과 집단감정에 대한 도전」, 『사총』 88, 2016, 148쪽. 본 연구에서 박유하의 『제국의 위안부』에 관련된 다양한 논쟁에 관한 상술보다는 '기억'과 '역사'의 연계의 애매모호성이나 이중성(ambivalent)의 예를 들고자 한다. '위안부' 논쟁에 관해 박유하의 판단에서 '역사'라고 제시한 것을 신동규는 '잘못된' '기억' 혹은 '해석'으로 본다. 여기서 양자의 논거 중 어느 것이 옳은 것인가에 대한 논쟁은 또 다른 연구 주제로 다루어져야 할 것이다.
44 신동규, 「홀로코스트 부정의 논리와 박유하의 『제국의위안부』」, 147쪽.
45 박유하, 『제국의 위안부』, 뿌리와 이파리, 2015, 121~122쪽.

너무나 적은 숫자가 아닐 수 없다. 해방 때 스무 살이었다 해도 1991년 시점에서는 아직 60대다. 그렇다면 나머지 '위안부'들은 왜 목소리들을 내지 않았을까.[46]

그런데, 여기서 두 사람의 논쟁을 살펴보면, 진정 '위안부' 문제에 관해 누가 기억을 말하고 있고, 누가 역사를 말하고 있는지 혼란스러움을 느끼지 않을 수 없다. 박유하는 자신이 '역사'를 얘기하고 있다고 주장한다. 반면에, 신동규는 박유하의 근거가 역사이기는커녕 '기억'의 오류일 뿐이라고 폄하하고 '역사'임을 부정한다. 신동규의 박유하의 책에 관한 비판적 입장의 개관은 다음과 같이 요약될 수 있다.

첫째, 박유하의 논거는 역사적 사실이 아니다. 단지 '문학 내러티브(비역사적 내러티브)'로 "역사를 기억으로 대체"하려고 시도하려는 한 가지 '해석'에 불과하다. 둘째, 집단기억에서 소외된 '파편화된' 기억을 동원한 대항 담론을 만들려는 것은 나름대로 의미가 있다. 마지막으로, —어떤 이유든— 기존의 집단기억에 도전하는 것은 용납할 수 없으며, 박유하의 대항 담론은 집단감정을 자극해 '공동의 기억에 균열을 가할 수' 있는 가능성이 있다. 어떤 의미에서든 박유하의 논리는 '위험하기'까지 한 것으로 간주하고 있다.[47]

여기서 몇 가지 흥미로운 추론이 가능하게 된다. 새로운 기억은 기존의 집단기억에 도전할 수도 없는 것이며, 더 이상 언급하면 안 되는 당위norm가 되는 것인가? 집단감정에 의해 깨어지는 '공동의 기억'이란 곧 집단기억이 깨어질 수 있다는 뜻인데, 이런 맥락에서 집단 감정에 의해 깨어지는 집단기억은 '역사'인가 아니면 역사 이전의 단위(단계)인가? 그렇다면 신동규는

---

46 박유하, 『제국의 위안부』, 6, 121쪽.
47 신동규, 「홀로코스트 부정의 논리와 박유하의 『제국의위안부』」, 167~168쪽.

자신이 지켜 왔던 위안부 논거를 아직 역사라고까지는 생각하지는 않고 있다는 의미인가.[48]

신동규의 논리는 역사적 사건을 기억하고 어떤 의미를 부여하기 위해, 즉 역사화를 위해 감정 동원 혹은 감정의 통제가 필요함을 강조한다. 기념의 제도화 —예를 들어 홀로코스트의 전시관 만들기 등— 란 집단감정과 집단기억 상호작용의 중요성을 강조하고 있다. (집단)기억의 문제를 역사화하는 과정에서 집단감정의 논거와 연계시키는 점은 어떤 점에서 주목할 만한 논리일 것이다.

4. 동아시아 (국민)국가와 감정레짐(emotional regime)

한 국가 차원에서 '전체' 수준에서 공유되고 있는 국가 정체성은 하나가 아니라 복수일 때가 많다. 국가의 정체성은 대개 다면성을 띠게 마련이다. 그 가운데 인종을 범주로 하는 민족정체성이 가장 강력한 집단 결속력을 발휘하고 있다. 이처럼 국가의 정체성은 위계적 구조를 띠며 우위를 점하는 정체성이 있다. 따라서 그 위계적으로 가장 주요하게 간주하는 '우위정체성superior or master identity'을 둘러싼 국가 간의 갈등은 역사적으로 첨예하게 반복적으로 나타나곤 한다.[49] 소위 '국가집단감정'의 형성 메커니즘에 관한 인식은 동아시아 국민국가 간의 감정레짐을 이해함에 있어서 매우 주요한 화두를 던져주고 있다.

---

48 신동규와 박유하의 '위안부'를 둘러싼 기억 논쟁은 기억의 규제에 관한 한 사례로서 흥미롭다. 신동규가 "집단기억=역사"라는 등식을 단정적으로 수용하는지는 알 수 없으나, 이런 류의 논제에 관해 차후 살펴볼 기회가 있을 것으로 본다.

49 은용수, 「국가의 집단감정 발생 메커니즘: 동아시아 외교정책과 주권연구에 주는 함의」, 전재성 편, 『동아시아 지역질서 이론』, 사회평론아카데미, 2018, 85~86쪽.

동아시아 지역에서 한국의 '우위 정체성'과 관련하여, 과거사를 둘러싼 민족정서면에서 한국은 일본에 대해 국가집단 감정을 촉발하기 쉬운 조건에 놓여 있다. 예를 들어, 한국의 '우위 정체성'을 대표하는 상징물 혹은 서사들을 폄하하고 부정하는 행위 ―'위안부'의 부정 혹은 일본 제국주의의 상징인 야스쿠니 신사 참배 등― 는 한국의 집단적·저항적 트라우마 감정을 분출시키는 요인이 되어 왔다.

이러한 기억의 효과는 흔히 일본군 위안부를 '재현'시키기 위한 박물관, 기념관 혹은 기념시설을 통해 '기억의 정치'로 드러낼 때가 있다. 때로는 기억의 정치는 어떤 특정의 공동체 ―흔히 국가― 를 '기억의 공동체'로 만듦으로써 공동의 집단정체성을 형성시키는 모멘트를 제공한다. 이러한 요인은 민족의 고통이라는 맥락에서 위안부를 재소환시킴으로써 민족적 수탈의 기억을 재생산할 수 있다.[50]

이런 맥락에서 개인의 정체성이 '탈개인화' 효과를 통해 사회적 정체성으로 '전환'을 할 경우에, 내(국내)집단에 대한 소속감과 일체감이 증대하는 반면, 타(국외) 집단에 대한 거부감 혹은 부정적 감정은 증폭된다. 〈그림 3-1〉에서 보듯이, 사회(국가)의 우위 정체성이 부정되거나 폄하될 때, 해당 사회적(국가적) 정체성에 즉각 영향을 미쳐 사회 내의 집단 감정의 공유와 결속의 강화를 낳게 되어 급기야 국가가 특정한 국가 행위 ―국제행위 혹은 외교― 를 발화시키게 된다. 한 예로 일본이라는 '타자'가 한국의 '우위 정체성'인 민족정체성의 상징물 혹은 서사를 부정하거나 폄하할 경우에, 한국 사회는 즉시 '일본을 겨냥하여' 자국의 부정적인 집단감정을 형성하게 된다. 곧 이것은 양국 간의 외교적 행위에 부정적 반응(대항)으로 나

---

50 김은경, 「일본군 '위안부' 기념관의 '위안부' 재현과 기억정치」, 『한국학연구』 35, 2010, 177~180, 196~197쪽.

<그림 3-1> 동아시아의 국가집단감정의 메커니즘

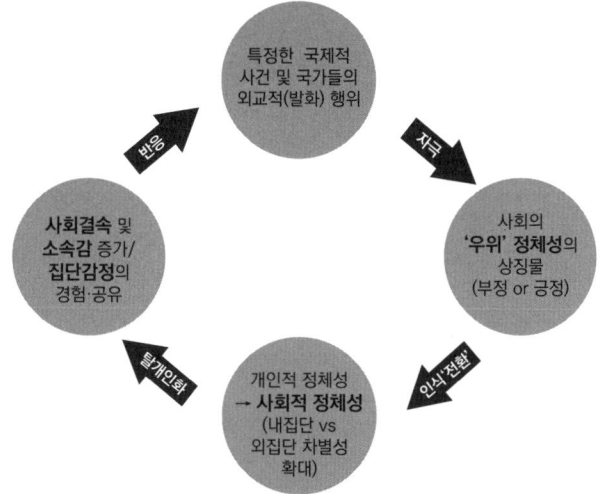

* 출처: 은용수 (2018: 88)

타나게 된다.[51] 한 국가의 사회문화적 폐쇄성이 크고 '우위 정체성'과 매칭 matching되는 서사나 상징물의 중요성이 클수록, 이를 부정하는 발화 행위를 통해 타국에 대한 분노 등의 집단감정이 발생할 가능성이 높아지는 것이다.[52]

국민감정과 관련하여, 1990년대 중반 이후 한일 간의 외교관계는 빈번히 '적대적' 갈등의 성격을 드러내기 시작하였다. 서구의 상황과 달리, 동아시아(혹은 동북아)는 경제적 경쟁, 안보 긴장, 정체성 갈등이 부정적이고 불안정한 악순환의 연쇄 메커니즘을 만드는 상황이다. '한일 관계'에서

---

51 은용수, 「국가의 집단감정 발생 메커니즘: 동아시아 외교정책과 주권연구에 주는 함의」, 89~91쪽.

52 은용수, 「국가의 집단감정 발생 메커니즘: 동아시아 외교정책과 주권연구에 주는 함의」, 87쪽. 여성의 성적(性的) 관련 이슈의 경우, 한국은 훨씬 폐쇄적인 사회문화적 인식을 갖고 있다. 이런 점에서 일본은 우리의 그것과 큰 차이가 있을 수 있다. 따라서 '위안부' 문제는 한국에서는 '우위정체성'이나, 일본은 우리와 다른 성(性) 인식으로 인해 전혀 다르게 접근할 수 있다.

더욱 그런 양상이 뚜렷해지고 있다. 빅터 차Victor Cha에 의하면, 구소련, 중국, 북한으로부터의 안보 위협 상황 속에서, 한국과 일본 관계는 두 나라 모두 미국의 동맹국이지만 '적대감에도 불구하고 제휴하는alignment despite antagonism' 성격을 띠는 아이러니를 나타내고 있다.[53]

특히 이명박 정부 이후 10여 년간 한국의 대일 외교의 성격은 '안보' 혹은 '국가이익'의 측면에서 기존의 현실주의, 자유주의 등의 IR 주류 시각에서 볼 때 오히려 '비합리적' 언행을 보이는 '수수께끼 같은'[54] 혹은 '변칙적인anomalous'[55] 사례로 평가된다. 이런 맥락에서 동아시아 국제관계(외교)의 한 사례로 한일 관계를 감정레짐의 맥락에서 분석할 필요가 있다.[56]

〈표 3-1〉 한국의 대일(對日) 국가집단감정의 서사

국가집단 감정의 서사 (언술)	자료 근거
'과거사 문제는...한일 관계의 **"최대의 아킬레스건"**	(이동준 2016: 39)
'**반일(反日)**은 한국 민족주의의 가장 **대표적인 담론**이다'	(전재호 2019: 114)
'**백 년 만**에 타오르는 **분노의 반일감정**'	(이인미 2019: 267)
'2012년 8월(이명박대통령 독도방문) 이래 나빠진 한일관계가 **지금은 최악으로** 치닫고 있다. ⋯ 1965년 한일 국교 재개 이래 **가장 험악**하다'	(정재정 2019)
'박근혜 정권이 들어선 뒤 지난 **4년 동안 이어졌던 한일 갈등**은 어쩌면 앞으로 닥칠 **"거대한 불화의 서막"**에 불과할지도 모른다'	(길윤형 2021:15)
'가해자와 피해자라는 역사적 입장은 **1,000년의 역사**가 흘러도 **"변할 수 없는"** 것'	(박근혜 대통령, 2013년 3·1절 기념사)

53 Victor D. Cha, *Alignment Despite Antagonism: The United States-Korea-Japan Security Triangle*, Stanford University Press, 2000.

54 은용수, 「국가의 집단감정 발생 메커니즘」, 69쪽.

55 Victor D. Cha, *Alignment Despite Antagonism: The United States-Korea-Japan Security Triangle* 참조.

56 Todd H. Hall, *Emotional Diplomacy: Official Emotion on the International Stage*, Ithaca and London, Cornell University Press, 2015; Todd H. Hall, and Andrew A. G. Ross, "Affective Politics after 9/11", *International Organizations*, 69, 2015.

시기적으로 두 시기, 즉 ① 1965년 한일 국교 정상화 이후 1980년대의 냉전 시기, ② '탈냉전 이후 1990년 중반부터' 2010년 말(예: 2019년)까지의 시기를 비교할 때, 한일 관계의 성격은 현격한 차별성을 보이고 있다.[57] 일본의 오코노기 마사오小此木 政夫는 '냉전 종결과 그 시기'의 한일 관계는 새로운 시련에 직면했다고 본다.[58] 냉전체제 하에서 동아시아 냉전기에 간과되었던 위안부 문제를 포함한 사건들이, 탈냉전기에 접어들면서 **기억**의 역사로 인해, 국가 감정의 형태로 외교적 갈등을 낳게 된 것이다.[59] 한일 관계는 '과거사' 및 '기억의 정치' 맥락에서 '상호 경시mutual passing의 흐름에서 "다시 홉스Hobbes적인" 구조, 이미지'로 회귀하게 되었다.[60] 이처럼 한일의 집단감정 표출은 동아시아 국가 간의 '기억' 혹은 '트라우마trauma'에 연관된 '감정레짐'에의 성격에서 파악할 수밖에 없다. 이제 '감정공동체 affective communities'로서 국가(한국) 수준의 '국민정서'가 하나의 사회정치적 규범norm으로 패턴화된 것이다. 〈표 3-1〉에서 보듯이, 동아시아 이외의 지역의 국제관계에서 좀처럼 표출될 수 없는 언술들이 한일 양국의 집단감정을 —때로는 국가 원수에 의해서— 여과 없이 표현되는 특이한 현상이 목격되고 있다.

영국의 전 외신기자였던 마이클 브린Michael Breen에 의하면, 한국 사회의 '국민정서' 개념은 한국인의 특유한 감정레짐을 형성하고 있다.[61] 한국에서

---

57 1991년 8월 한국의 '위안부' 피해자 김학순 할머니가 기자회견을 열고, 자신이 '위안부'로서 일본의 강제연행과 성 학대 범죄를 전 세계에 폭로한 것이 하나의 발화점이 되었다. 그 후 다른 피해자들의 증언이 잇달아 나오고, '위안소' 관련 자료와 연구 성과가 공개 출판되기 시작하였다.

58 오고노키 마사오, 「국제시스템의 변천과 한일관계: 이론 정책을 중심으로」, 박철희 편, 『한일관계 50년: 비교사적 이해』, 대한민국 역사박물관, 2016, 130쪽.

59 민병원, 「감정의 국제정치이론을 위한 시론: 동아시아에 대한 적용 가능성의 탐색」, 『한국정치연구』 23(3), 2014, 237~238쪽.

60 양기웅, 「한일관계와 역사갈등의 구성주의적 이해」, 『국제정치연구』 17(2), 2014, 174쪽.

61 '국민정서' 혹은 '민심'은 특정 사건에 대해 도덕성을 잣대로 집단적으로 드러내는 감정이나 정서를 의미한다. 한국의 국민정서는 한국사회 전반을 지배하는 '불문

는 어떤 쟁점에 대한 대중의 정서가 특정한 임계질량에 이르면 앞으로 뛰쳐나와 모든 의사 결정 과정에 압도적인 영향력을 행사하는 '야수'로 변모한다. 한국인들은 이 야수를 '민심'이라고 부른다. 브린은 이러한 공공의 정서를 "당국(정부)이 따르고" 있다고 강조한다.[62] 소위 '국민정서법'은 때론 헌법이나 실정법보다 더 큰 힘을 발휘한다. 법 적용이나 국정운영에 국민정서가 판단기준이 될 때 모든 것이 정당화되는 마치 '제도의 규범성'처럼 기능하기도 한다.[63] 일본 제국주의 지배와 관련하여 '동일한' 과거사와 역사 경험을 가진 한국과 대만의 '대일 외교'의 성격은 매우 상반된다. 이러한 차이의 배경 요인이 민족주의와 관련하여 한일 관계 재인식의 한 계기cognitive turn가 될 것이다.

한국의 정체성과는 대조적으로, 또 하나의 예로서 중국과 대만의 경우에는 '민주주의'라는 정체성이 우위 정체성으로 간주되고 있다. 대만은 중국의 언행에 따라 대만과 중국을 내집단 대 외집단으로 구별 짓고, 대립적으로 중국에 대한 부정적인 집단감정을 촉발하고 있다. 같은 국가에 비슷한 식민 지배를 받았음에도 불구하고, 대만의 대일관계는 의외로 한마디로 부정적이지 ―때론 우호적인― 않다.

율'로 자리잡고 있다. 이충재, 「국민정서법의 이중성」, 『한국일보』, 2019년 8월 27일, https://www.hankookilbo.com/News/Read/201908271518330309 (검색일: 2022. 9. 29); 법적으로 제도상으로 열 번 옳아도 '국민정서가 허용하지 않으면' 실행에 옮길 수 없는 '상전'이 되어, 철저한 사회정치적 규범의 기능을 수행하고 있다. 변상근, 「국민정서가 뭐길래……」, 『중앙일보』 1999년 7월 15일, https://news.joins.com/article/3799911 (검색일: 2020년 2월 16일)

62 Michael Breen, 장영재 역, 『한국, 한국인』, 실레북스, 2019, 46~47쪽.

63 이충재, 「국민정서법의 이중성」; 변상근, 「국민정서가 뭐길래……」.

〈표 3-2〉 일제 강점에 대한 한국 vs 대만의 인식차: 중학교 국사/사회 교과서 비교

한국 중학교 '국사'	대만 '국중사회' 제2책
일제는 우리의 **국권을 빼앗은** 직후 '**토지 약탈**'을 적극적으로 추진하였다.	총독부는 대만을 **쉽게 통치하기** 위해… 상세한 **토지와 호적자료를 구축**하여 이후 일본이 **통치 관리**하는 데 **도움**이 됐을 뿐만 아니라 지세의 수입 또한 **증가**하였다.
일제의 산업**침탈** 정책으로 우리 민족의 경제 활동은 크게 **위축**되고, 민족 산업의 발전은 **억압**되었다… 한국인의 **기업활동을 억제**하고, 한국 민족 자본의 **성장을 억압**하려는 조치였다.	대만총독부가 대만을 **다스리는 데** 있어… 산업을 **진흥**시키고, **투자 환경을 개선**하며… 제당공업의 **왕성한 발전**은 대만으로 하여금 '당업왕국'의 칭호를 얻게 하였다
일제는 한반도에서 산미 증식 계획을 실시하여 그들의 식량문제를 해결하고자 하였다… 우리의 식량 사정은 매우 **악화**되었다… 우리 농민들은 소작료나 여러 가지 **무거운 세금**을 부담해야 했으므로 **극심한 고통**을 받게 되었다.	총독부는… 경작 기술을 **개량**하여 **우수한** 품종을 배양하고… 농업강습을 주관하여 **연구 성과를 널리 보급**하여 실행했다. 일본인의 입맛에 맞는 미곡을 재배하기 위해서 대만 **쌀 개량**에 힘썼다.

* 출처: 백수경 (2006: 28-30) 재구성

〈표 3-2〉에서 알 수 있듯이, 한국의『중학교 국사』교과서와 대만의『국중사회國中社會 제2책』에 표현되어 있는 일제 지배에 대한 서술의 차이는 양국의 대일 국가 감정에 있어 한국의 인식과 시각에서 의외로 현격한 차이를 느낄 수 있다. 대만은 한국(35년)보다 더 긴 일제 식민 지배(50년)의 경험에도 불구하고, 대일 외교에 관해서 훨씬 '우호적' 관계를 유지하고 있다.[64] 한 예로 한국의 교과서에는 '일제강점기' 혹은 '침략'이라는 용어를 사용하고 있는 반면에, 대만의 교과서는 '일치시기日治時期'라는 표현을 사용한다. 이는 일본의 대만 지배가 '통치'이며, 강제적 침략이 아니라는 의식의 표현이다.[65] 이러한 정서로 인해 대만의 일본 식민 통치에 관한 비판은 때

---

64 자료에 따라, 일본에 대해 대만은 필요 이상이라 할 만큼 애정을 보내고 있거나 심지어 '동경의 대상'으로 생각하는 경향까지 보인다. 2007년 여름에 대만의 전총통 리덩후이가 일본 전범들의 위패가 있는 야스쿠니 신사를 참배하기까지 하였다.

65 한국과 대만의 일본 식민 지배에 관한 국가감정은 매우 다르다. 한국은 이미 조선총독부 건물을 철거하였으나(1996년), 대만은 아직도 대만총독부 건물을 총통부 청사

로는 자국을 일본 식민 지배에 의한 '수혜자'로 사고하는 성향을 보이고 있다. 한 걸음 더 나아가 일본의 대만 통치를 식민지 역사상 찾아보기 힘든 성공적 사례로 이해하는 것이다.[66]

역설적으로 일본과의 관계 보다 대만의 중국 관계는 집단감정 면에서 빈번히 '분노의 외교diplomacy of anger'의 성격을 띠고 있다.[67] 중국의 자국(본토) 중심주의가 강화될수록 중국을 위협적인 '타자'로 인식하는 대신, 대만의 반일감정은 상대적으로 약하여 오히려 일본과의 협력으로 기울어지고 있는 성향을 보이고 있다.[68]

이런 맥락에서 동아시아 국가 간의 '기억' 혹은 트라우마와 연관된 감정 레짐emotional regime의 성격 규명을 통해 동아시아 민족주의의 성격을 살펴봐야 할 것이다. 최근 새로운 연구 관심 영역인 '감정의 국제관계학'에서 '감정' 요인의 중요성에 관한 논의가 고조되고 있다. 감정은 역사를 만들고 집단 정체성을 길러내는데 일종의 접착제 역할을 한다고 보아, 최근 국제관계 인식에 있어 감정과 정치와의 관계가 주요 의제로 부각되고 있다.[69]

로 사용하고 있다. 한국의 교과서는 수탈사적 시각에서 '일제의 산업 침탈', '한국 민족자본 성장을 억압', '강압적으로 통치', '고통스러운 노동을 강요' 등으로 서술하고 있다. 이에 반해, 대만 교과서에는 '산업을 진흥시키고 투자환경을 개선', '왕성한 발전' 등 근대화의 긍정적 경험이라는 의미에서 표현하고 있다. 이에 관해 백수경, 「한국과 대만의 중학교 역사교과서 비교 연구: "일제강점기" 서술 내용을 중심으로」, 이화여대 교육대학원 석사학위, 2007 참조.

66 백수경, 「한국과 대만의 중학교 역사교과서 비교 연구」, 23~30쪽; 장미경·김순전, 「조선총독부 편찬 초등교과서에 표상된 대만: 지리 일본어 교과서를 중심으로」, 『일본어교육』 82, 2017, 137~138쪽.

67 Hall, *Emotional Diplomacy: Official Emotion on the International Stage*, pp. 75~83.

68 은용수, 「국가의 집단감정 발생 메커니즘: 동아시아 외교정책과 주권연구에 주는 함의」, 90~93쪽; Yinan He, "Identity Politics and Foreign Policy: Taiwan's Relations with China and Japan 1895-2012", *Political Science Quarterly*, 129(3), 2014.

69 황영주, 「집단 기억과 감정의 공간으로서 사회교과서: 한국과 일본의 중학교 일반사회 국제정치영역 비교」, 『21세기정치학회보』 27(2), 2017, 4쪽.

블레이크와 허치슨은 (국제) 정치에서 감정 개입이 상당히 중요한 역할을 해 왔음에도 불구하고, 전통적 국제정치학자들은 이를 외면해 왔다고 비판한다.[70] 이런 점에서 '기억의 장場'으로서 동아시아의 민족주의를 논할 때 '동아시아'의 상호 관계에서 '감정' 요인의 적실성relevance을 살펴볼 필요가 있다. 빈번히 동아시아 국가 간inter-state 관계에서 '집단기억'에서 연유되는 '공식감정'이 주요 변수로 작용해 왔다. 이에 따라 '국가집단감정'의 형태로 발현發顯되는 민족적 정체성과 연계된 감정레짐이 존재하고 있다.[71] 감정레짐이란 정부 혹은 사회가 제시하거나 강요하는 감정적 '사고'나 '표현'의 지배적 모형mode이다. 국민국가를 감정적 행위자로 보고, '국가 감정'이 지역 간 관계 —혹은 외교적 대응— 에 결정적 영향을 미치는 추세가 강하게 나타나고 있다.[72] 주류의 국제관계 접근법에서 '이성rationality/reasoning'을 강조하는 합리주의 시각에 치중하는 동안 국제관계 분석에서 '감정' 연구가 도외시 되어 왔다. 국제관계의 감정연구는 상당 부분 '미지의 영역'에 머물러 있었다. 최근 동아시아의 인터넷 민족주의의 분석을 계기로 인식론적으로

---

70 Roland Bleiker and Emma Hutchison, "Fear No More: Emotions and World Politics", *Review of International Studies*, 34, 2008, pp. 115~135. 블레이크와 허치슨에 의하면, 주권(개념)은 주로 이성적/제도적 영역에서, 민족주의는 주로 감정적/비제도적 영역에서 정당성을 확보한다고 본다.

71 은용수·용채용, 「국제정치학 감정연구의 쟁점, 함의, 그리고 향배」, 은용수 편, 『감정의 세계, 정치』, 사회평론아카데미, 2018. 여기서 레짐(regime)의 뜻은 '습관적 사고'에 해당하는 비공식적 제도를 의미한다. 신제도주의자인 노스에 의해 공식적 제도가 비공식적 제도 (관습 및 도덕적 제약)와 갈등을 일으킬 때, 공식적 제도는 비공식적 제도에 순응하게 됨이 강조되었다. Douglass C. North, 조석곤 역, 『경제변화 과정에 관한 새로운 이해』, 해남, 2007. 감정레짐은 토크빌의 '습속(mores)'에 해당하는 것이다. 토크빌은, 미국의 민주주의는 제도나 법률을 넘어 사회 곳곳에 스며든 관례와 습속 때문에 가능했다고 본다. Alex de Tocqueville, 이용재 역, 『아메리카의 민주주의 I, II』, 아카넷, 2018 참조.

72 레디는 국민국가(정권)는 감정에 관한 규범적 질서(order)를 국가의 기본 구성요소로 볼 것을 주장한다. W. M. Reddy, *The Navigation of Feeling: A Framework for the History of Emotions*, Cambridge and New York: Cambridge University Press, 2001, p. 24. 주류 IR 이론이 감정 변수를 간과해 왔지만, 방법론적으로 '구성주의' 시각이 국제관계에서 감정 요인을 상당히 수용하려는 노력을 하기도 하였다.

감정연구로의 선회emotional turn에 주목할 필요가 있다.[73]

온라인 공간의 민족주의 규명은 방법론적으로 국제관계의 '사회적 차원'과 연계된다. 곧 온라인 공간에서는 상호성interactivity, 간주관성intersubjectivity[74] 및 사회언어socio-language의 속성이 주요한 구성요소가 되고 있다. 온라인 공간에서 민족주의 갈등이 발생할 때, 국가 간에 잠재되어 있던 갈등의 서사narratives와 사회언어라는 기제가 자주 동원되어 왔다. 때로는 정치 엘리트가 사회언어를 통해, 감정 및 정념에 기반한 (국가)감정행위를 이끌어 내는 하나의 방편을 삼는 경우가 허다하였다. 한 예로 한국의 경우 내부의 결속과 자국의 정체성 강화를 위한 '제도적 담론institutional discourse'으로서 '위안부, 소녀상, 독도, 야스쿠니' 등과 같은 '사회언어'가 민족주의 표출의 주요 수단이 되어 왔다.

게다가 국가라는 '감정공동체affective communities'에서 '국민정서'는 주요한 기능을 수행해 왔다. 한국의 국민감정은 특히 동아시아 국제 관계에서 '기억의 정치'와 연루되어, 일본과 중국에 대한 과거의 이미지(혹은 기억)가 현재 자국의 사회정치적 인식을 형성하는 데 큰 영향을 미쳐 왔다.[75]

동아시아 기억공간에서 과거의 왜곡과 관련될 경우, 특히 디지털 기억 공간의 등장 이후, 온라인 공간의 민족주의는 그 비판적 감수성이 더욱 첨예하게 나타나고 있다. 냉전 시기의 기억은 주로 소수의 엘리트에 의해 하향식 이슈의 성격을 띠면서 '국가 대 국가'의 기억 해결 방식은 비교적 단순한 방정식에 불과하게 된 것이었다. 이에 비해 탈냉전 이후의 시기에는

---

73 Steven C. Roach, "Affective values in international relations: Theorizing emotional actions and the value of resilience", *Politics*, 36(4), 2016.
74 간주관성은 비과학적이고 객관성만이 신뢰할 만 하다는 실증주의 입장에 대한 현상학적 비판으로, '객관성'이란 엄밀한 의미에서 인간의 주관성이 포함된 '합의'임을 강조한다.
75 손기영, 「기억되는 과거의 과잉」 참조.

무엇보다 대중들의 '기억의 민주화'로 인해, 일관성없는 극단적인 주장이 난무하거나 이성보다 감정에 근거한 분절적인 분노 표출의 성향이 강하게 나타났다.[76]

최근까지 국제관계 연구에 있어서 감정은 '합리성'과 '이성'의 반대 개념으로 취급되어 왔다. 인식론적으로 외교 및 국가 관계는 합리성이 우선시되어 왔다. 이에 비해 한일 관계 혹은 한중 관계에서 '국민정서'가 국제정치의 장場으로 진입하여 국민 간에 '비합리적(감정적)' 집단감정 표출의 행태가 자주 목격되는 편이었다.

그동안 사회과학의 입장은 기본적으로 '반감정주의 편향anti-emotioal bias'의 태도를 취해 왔다. 이분법적 논리에 의해 감정이란 '합리성/합리주의'로부터 벗어난 '변형aberration' 혹은 '일탈deviation'로 간주되었다. 감정은 합리적 결정 과정에서 배제되어야 할 '잘못된 인식misconception' 혹은 '우연accidents'으로 인식되었다.[77]

이제 온라인 공간의 사이버네이션cyber-nations은 역사와 기억의 수동적 수용자에 머물지 않고, 스스로 새로운 역사와 기억의 주도적 생산자로 자리매김하려고 한다. 온라인 공간에서는 개인들이 매체 수단을 통해 제한 없이 자신들의 역사 인식(해석)과 기억을 유통시키게 됨으로써 자신들만의 온라인 감성(감정)공동체를 형성하게 되는 국면에 이르게 된 것이다.[78] 이러한 사이버네이션들이 국가감정을 생성시키는 주체가 될 경우, 오프라인 민족주의와는 차별화되는 온라인 민족주의가 형성될 가능성이 높아진다.

---

76 조희정, 「온라인 공간의 한·중·일 민족주의 갈등과 탈민족주의」, 동북아역사재단 한일역사문제연구소 편, 『탈냉전기 동아시아의 민족주의 갈등과 해결』, 동북아역사재단, 2018, 162~163쪽.

77 Erik Ringmar, "Eugene Gendlin and the Feel of International Politics", in Maéva Clément and Eric Sanger, *Researching Emotions in International Relations: Methodological Perspectives on the Emotional Turn*, Cham: Palgrave Macmillan, 2018, p. 33.

78 류석진, 「디지틸 기억공간에서 민족주의가 발현되는 방식에 대한 연구」, 84~85쪽.

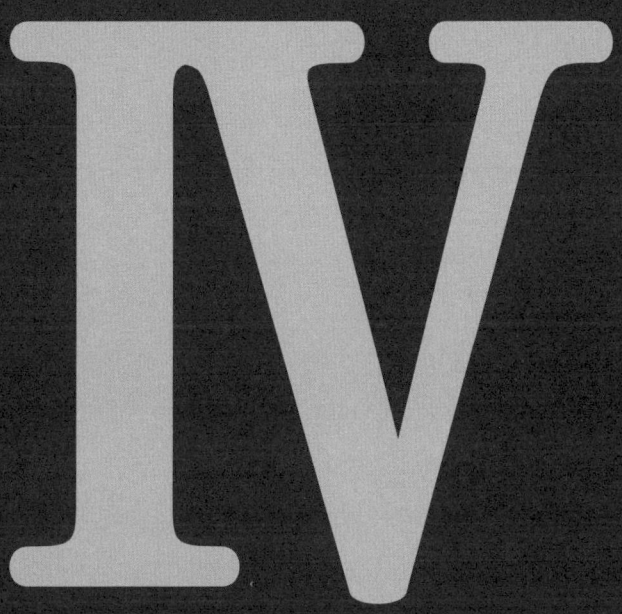

IV

동아시아 온라인 민족주의

1. 중국의 '공세적' 민족주의와 역내(域內) 민족주의

원래 민족주의 논의 자체는 마치 늪으로 빠져들어 가는 것과 흡사하다.[1] 앙드레 슈미드Andre Schmid가 얘기했듯이, 한·중·일 지식인들에게 국가에 관한 그들의 이해 방식을 재구성하기 위한 가능성과 잠재력을 찾는 과정에서 '민족' 개념이 새로운 신조어로 기능하기 시작하였다. 이러한 '민족' 개념은 한·중·일 각국에서 상이한 요인에 의해 서로 다른 운명을 띠고 해석되고 운용되었다.[2] 특히 동아시아 역내의 '민족' 개념은 확실히 서구의 '민족' 개념과는 그 궤적이 상이한 것이고 분절적이었다. 그렇기 때문에, 동아시아 민족주의에 관한 논의는 몇 가지 준거틀 혹은 범주를 설정하여 논의를 시작할 필요가 있다. 왜냐하면, 동아시아 한·중·일 민족주의의 쟁

---

1 이런 인식에 동의하지 않을 수도 있으나, 민족주의 논의 만큼 끝없는 뜨거운 논쟁과 공방으로 치닫는 주제는 없을 것이다.
2 Andre Schmid, 정여울 역, 『제국 그 사이의 한국』, 휴머니스트, 2002, pp.617~618.

점은 생각 이상으로 훨씬 복잡한 메커니즘을 통해 부침해 온 성향을 띠고 있기 때문이다. 그 결과 동아시아 국가 간에 민족적 감정을 둘러싸고 특이한 갈등 양상을 나타내고 있다.

강정인은 20세기 이래 동아시아에서 상호 배타적 민족주의가 분출된 것은 20세기 말부터 21세기 전반기의 일본 제국주의의 한국과 중국침략 때문이라고 규정한다. 이로 인해 형성된 한국과 중국의 '반일反日' 민족주의가 21세기 현재까지 지속된다. 더구나 1990년대 일본에서 고조되는 우경화가 한중의 민족주의 성향을 더욱 고양시켰다. 어떤 이유든 일본의 식민지배와 침략은 동아시아 민족주의의 한 동인으로 작용하고 있다.[3]

그럼에도 불구하고, 동아시아 민족주의 개념과 논의는 강정인의 시각보다 훨씬 복잡하게 얽혀 있는 복합적인 것으로 간주된다. 여기서 민족주의를 야기시키는 요인으로 외적 투입 요인push factor과 민족주의를 끌어들이게 만든 내적 유인pull factor으로 나누어 볼 수 있다. 이럴 경우 기존 (국민)국가의 민족주의에 가해진 외부적 영향(혹은 충격)이 일률적으로 동아시아 내의 인터넷 민족주의의 강화 혹은 공고화로 연계되지는 않는다. 그 이유는 한·중·일 민족주의의 형성 배경과 부침 자체가 시공간적으로 상이하게 나타났기 때문이다.

슈미드는 한·중·일의 민족 개념이 각각 어떻게 다르게 전개되었는지를 구분하고자 한다. 우선 중국에서는 정부 정책의 핵심이 '하나의 중국 정부가 통치하는 다민족 국가'임을 천명하고자 하였다. 중국 정부는 소수민족들의 민족 개념이 한족의 민족주의와 동일한 위상을 갖는 것을 막아내는 데 초점을 두었다. 일본에서는 민족 개념이 대중을 동원하는 방편으로 광범위하게 사용되었던 초역사적 의미로 이해되었다. 이에 비해 한국에서는

---

3 강정인, 「책 머리에」, 동북아역사재단 한일역사문제연구소 편, 『탈냉전기 동아시아의 민족주의 갈등과 해결』, 동북아역사재단, 2018, 6쪽.

식민 통치 기간 동안 민족의 개념은 국가의 위치를 확인케 하는 익숙한 개념으로 간주되었다. 민족 개념은 일제 점령하에서 저항의 도구로 기능하여 상실된 조국을 찾는 가능성으로 인식되었다. 시기적으로 해방 이후에는 분단을 극복하고 통일을 상징하는 개념이었지만, 분단 체제에서는 통합된 국가를 지향하는 주요 핵심어로 인식되었다. 이런 의미에서 한국인에게 민족 개념은 정치적인 부담을 느끼게 하는 용어는 아니었다.[4]

한일 민족주의 갈등의 경우, 그 시발점을 탈냉전 이후 '일본의 우경화'로 보는 시각이 있다. 냉전 시기에는 한국의 반일 민족주의는 매우 강했고, 일본 식민지 과거사 및 독도 영유권 분쟁의 갈등이 존재했다. 단지 그 기간에는 일본의 수동적 태도로 일시적 소강상태에 머물러 있었다. 반면에 탈냉전 이후 다시 한일 간의 본격적인 민족주의 갈등이 심화되었다.[5] 한 예로 1990년대 중반에 한국에서는 '극일克日'적 시각의 반일 담론이 한 때 강세를 보인 시기가 있었다. 바로 전여옥의 『일본은 없다』가 그런 경우이다.[6]

온라인 민족주의 이전의 개별 민족주의를 논함에 있어 몇 가지 범주가 설정되어야 할 것이다. 한·중·일의 각각의 민족주의는 한편으로 '동아시아 차원'에서, 다른 한편으로는 '글로벌 차원'에서 자국 민족주의를 상대적으로 조명하여 자국의 고유 형태를 형성해 왔다. 주지해야 할 점은, 동아시아 민족주의는 바로 지리적 범주category 속에 가두어진 '동아시아적인 것East Asianess'이 아니며, '균질적 질감substance'을 가진 민족주의 성격을 지니고 있는

---

4 Andre Schmid, 정여울 역, 『제국 그 사이의 한국』, 618쪽. 중국의 민족(minzu)은 역사적 의미이든 동시대적 의미든 간에 정치적으로 민감한 문제이었다.

5 전재호, 「한국의 반일민족주의 연구: 담론의 변화와 특징」, 『한국과 국제정치』 35(2), 2019, 39~40쪽. 시간적 연속성에서 볼 때, 문재인 정부의 반일 프레임에 의해 한일관계가 첨예화된 것은 한국의 '유인요인(pull factor)'에 의한 것으로 봐야 한다.

6 1993년 발표한 에세이 『일본은 없다』는 남의 원고를 무단사용한 것이라는 대법원 확정판결이 나온 바 있다. 전여옥 의원이 쓴 『일본은 없다』는 100만 부 넘게 팔려 인세 수입만도 10억 원에 달한 것으로 알려졌다.

것은 아니라는 것이다.[7]

루시안 파이Lucian W. Pye는 중국 민족주의를 '무정형의formless 민족주의'에 불과한 형태로 보았다. 중국은 전통적인conventional 민족국가가 아니며, 현대적 표준에서 볼 때 민족적 정체성을 달성한 사례를 경험한 경우로 볼 수 없다.[8] 존 페어뱅크John k. Fairbank의 주장에 의하면, 역시 서구식 민족국가 모형을 중국의 특이한 성격에 적용하려는 것은 적절치 못한 것이다. 달리 표현하면, 민족주의라는 개념보다는 서구식 기독교 문명에 대비되는 정체성의 한 유형이라 할 수 있는 문화주의culturalism 혹은 문명적 개념으로 중국 사례를 해석하는 것이 훨씬 합리적인 것이다.[9] 실제로 중국의 민족주의 인식은 1990년대 초부터 비로소 그 형체를 드러낸 것으로 상정할 수 있다. 그리고 이러한 민족 정체성은 주로 중국공산당이 주도한 것으로 간주할 수 있다.

다른 한편으로 이런 민족주의는 중국을 겨냥한 서구 열강의 압력에 대한 반감의 형태로, 중국 대중들 사이에 자발적으로 형성된 적대감 혹은 저항적 반감에서 비롯된 것이기도 하다. 이런 맥락에서 중국의 사례는 이중적 ambivalent 민족주의의 성격으로 구성된다. 어떤 경우든 중국의 민족주의 연원은 시간상으로 그렇게 오랜 시기에 걸쳐 형성된 것은 아니다. 이런 의미에서 흔히 중국의 민족주의를 '방어적' 민족주의 혹은 '상처입은wounded 민족주의'로 명명하기도 한다.[10]

---

7 "균질적" 질감이란 뜻은, EU라는 단위에서 볼 때 상당 부분 균질적인 것이라 볼 수 있는데 비해, 동아시아는 지리적 근접성에도 불구하고 독특한 분절적, 대결적 혹은 적대적 속성을 드러낸다는 의미이다.

8 Lucian W. Pye, "How China's Nationalism Was Strengthened", *Australian Journal of Chinese Affairs*, 29, pp. 108~109.

9 John K. Fairbank, *China: A New History*, Cambridge, MA: The Belknap Press of Harvard University Press, 1992, p. 45.

10 Xu Wu, *Chinese Cyber Nationalism: evolution, characteristics, and implications*, Lanham : Lexington Books, 2007, pp. 121~122. 중국 민족주의의

무엇보다 중국 민족주의의 경우에서 하나의 전제가 되는 것은, 타자 others로서 한국 및 일본을 겨냥하면서 대중민족주의로 점차 자리 잡는 현상으로 파악된다. 서구와 관련하여 (1)미국의 헤게모니를 앞서려는 대결 구도로 나타나기도 하고, (2)서구 강국 —예로 프랑스의 까르푸Carrefour 봉쇄와 불매 운동— 을 겨냥하는 전 지구적 차원의 발현체라 할 수 있다. 2008년 베이징 올림픽 이후 『앵그리 차이나』 속의 서사에서 보듯이, 중국의 급속한 경제성장과 함께 1980년대 미중 간의 허니문 관계는 "전략적 동반자"에서 "적−친구frenemies"라는 이중적 관계로 변질된 상황이 지속되고 있다.[11]

중국의 대미對美 이미지는 '두 개의 미국'의 양극단적 모양으로 구성되어 있다. 하나는 '아름답고 선진화된' 미국이며, 다른 하나는 '헤게모니적이고 제국주의적' 미국이라는 인상이다. 전자는 미국의 국내 정치에 관한 인상을 말하는 반면, 후자의 이미지는 미국의 외교(대외)정책과 관련된 중국의 반응이다. 2008년 베이징 하계올림픽으로 인해 친중국적 정서와 친서구적 정서가 동시에 부각되기 시작하였다.[12]

중국 정부의 민족주의가 양가성ambivalent 혹은 양날double edged의 성격을

속성에 관해 이 외에도 보복주의적 민족주의(revanchist nationalism), 급진적이고 무모한 민족주의(radical and reckless nationalism), 공세적 민족주의(assertive nationalism), 실용주의적 민족주의(pragmatic nationalism) 등으로 표현되기도 한다.

11　이정훈, 「1990년대 중국의 민족주의 확산과 단행본 출판: NO 라고 말할 수 있는 중국과 앵그리 차이나의 사례를 중심으로」, 『인문과학연구논총』 38(3), 2017, 95~100 쪽. 『앵그리 차이나』의 제목은 본래는 2009년 중국의 베스트 셀러 『중국은 불쾌하다』 (中國不高興)이다. 이정훈은 1990년대 이후 대중민족주의가 자리잡는 상황에서 민족주의의 민감한 화두가 갖는 사상적 의의를 강조한다. 유사한 내용으로 『중국은 NO 라고 말할 수 있다』가 있다. 다른 측면에서, 중국의 자신감(부상)이 중국위협론을 초래한다는 우려의 시각도 있다.

12　Yaling Pan, "The 'Two Americas' Dichotomy: Online Chinese Nationalism Toward the United States", in Simon Shen and Shaun Breslin (eds) *Online Chinese Nationalism and China's Bilateral Relations*, New York and Toronto: Lexington Books, 2010, pp. 129~131.

띠고 있다는 점에도 주목할 필요가 있다. 중국 정부는 암묵적으로 민족주의를 촉발하면서도 그것이 통제 불능의 상태가 이르게 될 때, 자국 내 민족주의적 행동에 가차 없는 타격을 가하거나 주동자를 체포하기도 한다. 그 이유는 민족주의가 고조될 때 종종 역으로 국내 이슈에 대한 비판으로 비화할 잠재력이 내재하고 있기 때문이다. 중국의 민족주의의 선동이 오히려 중국공산당CCP의 통제력 범위를 벗어나서 역으로 위협으로 작용할 가능성도 있었다.[13]

슈미드가 표현한 것처럼, 중국은 근현대사에서 한때 '강등'된 국가였다. 과거에 —한국의 입장에서— '문명'의 지리적 중심은 중국이었지만, 작금의 현실은 문명의 헤게모니는 중국에서 서양으로 넘어간 상태에 머물고 있다. 동아시아에서 중국의 세력이 쇠퇴할 무렵, 중국은 점차 부차적인 지위로 강등되었고 기존의 특권적 위상은 박탈되고 말았다.[14]

중국의 민족주의가 공세적이라는 의미는 외세의 압력을 비롯한 외부요인이 크게 작용했다는 뜻을 포함한다. 나아가 중국인들에게는 "복귀하는 강대국returning power"의 의미가 더 친밀감 있게 느껴질 것이다. 중국은 "부상하는 국가not a rising power"가 아니라고 스스로 생각한다. 즉 중국인들에게는 "복귀하는 강대국"의 의미란 무엇인가? 최근 중국 민족주의의 요체는 바로 중국이 아무런 근거 없는 바탕에서 부상하는 강국이 아니라, 부강했던 과거의 역사로 다시 회귀回歸한다는 사실을 대외적으로 인식시키고 주창하는 것이다.[15]

---

13 Hongmei Li, "Understanding Chinese nationalism: A historical perspective", in Hailong Liu (ed) *From Cyber-Nationalism to Fandom Nationalism*, London and New York: Routledge, 2019, pp. 18~19.

14 Andre Schmid, 정여울 역, 『제국 그 사이의 한국』, 159~160쪽.

15 Xu Wu, *Chinese Cyber Nationalism: evolution, characteristics, and implications*, p. 201.

이런 맥락에서 지난 세기의 중원中原의 위상으로의 회귀 선언은 잠재적이든 무의식적이든 대외적으로 공세적·팽창주의적 정책을 추구하게 되는 선택을 취할 수밖에 없는 것은 불가피한 것이라 본다.

1989년 천안문 사건 이후 중국민족주의는 대외 팽창을 꾀하는 대신 국민통합을 위한 통치 이념의 성격이 강하였다. 장쩌민江澤民은 약화하는 사회주의 이념을 대체하여 민족주의 —게다가 유가儒家 사상— 를 주요 통치 이념으로 삼았다. 흥미롭게도 1949년 중국공산당CCP의 성공의 배경조차도 공산주의 이념이 아니라, 오히려 민족주의적 색채에 근거한 것이라는 주장이 이를 뒷받침하고 있다.

> 대중들에게 결코 선언하지는 않았지만, 중국공산당은 1990년대 초 이후 정체성의 변화를 꾀하기 시작하였고 스스로 **중국공산당에서 중국민족주의 정당으로 변모**하게 되었다. 이러한 전환은 중국공산당이 정치적 정통성과 신뢰성을 쟁취하고 강화하는 일에 도움을 주었다 (중략) 중국공산당은 시작부터 진정한 공산당이 되어 본 적이 결코 없다.[16]

중국은 기본적으로 다민족국가라는 특성 때문에 종족성에 초점을 두기보다 '영토성'과 '문화성'을 강조해 왔다. 그것은 티베트, 신장, 위구르 등 소수민족 분리주의 운동에 잘 대처하기 위함이었다. 오히려 이 당시는 동북공정을 추진하여 영토주권을 확고히 하고자 하였다. 나아가 센카쿠 열도尖閣諸島 등 영토분쟁에 대한 강경한 태도를 보임으로써, 중국 내부의 분리주의자와 동시에 대만의 독립주의자에 경고성 메시지를 주고자 하였다.[17] 이것은 중국 민족주의의 성향이 점차 시간적 흐름에 따라 방어적 민

---

16 Xu Wu, *Chinese Cyber Nationalism: evolution, characteristics, and implications*, pp. 125~126.
17 이민자, 「중국 민족주의와 한국, 일본과의 갈등」, 동북아역사재단 한일역사문제연구소 편, 『탈냉전기 동아시아의 민족주의 갈등과 해결』, 동북아역사재단, 2018a,

족주의로부터 '공세적 민족주의'로 전환하게 됨을 의미한다.[18]

그렇지만 관변적 민족주의와 달리 ―비공식적으로 관변민족주의의 반영일 지는 모르나― 대중민족주의의 내재적 분출은 불가피하게도 서양, 특히 미국을 겨냥하여 나타났다. 왕샤오둥은 「서양은 중국의 분노를 직시해야 한다」라는 글에서 "우리는 서양을 잘못 길들였다"라는 확신에 찬 선언과 함께 중국 대중민족주의 언술을 거침없이 토로하기 시작한다.

> 중국과 서양의 관계에서 **힘의 대비에 커다란** 변화가 생겼다는 사실을 이해하지 못하고 있는 것이다 (중략) 왜 우리 중국인들이 당신들에게 호감을 사야 한단 말인가? 이제는 당신들이 중국인들로부터 호감을 사야 하지 않을까 하는 문제에 대해 깊이 생각해 봐야 할 때이다… 앞으로 우리의 힘은 더 커질 것이다. 당신들이 우리의 호감을 사지 못하면 **우리는 당신들을 가만히 두지 않을 것이다.**[19]

동아시아 차원 및 글로벌 수준에서 살펴볼 때, 한일 양국은 냉전 시기에든 혹은 탈냉전 이후든 '시간의 변수'를 감안할 때, 민족 정서와 연계된 중국의 시간의 변수와는 그 맥을 달리한다. 한일은 민족주의 관념 표출에 있어서 중국의 과거 민족주의 상흔과 비교해 볼 때, 상대적으로 심각한 기억의 트라우마에 시달리고 있지는 않은 것 같다.[20]

한일 간의 민족주의 갈등은 탈냉전 이후 일본의 우경화로 본격화되었

124~125쪽.

18 이민자, 「중국식 인터넷 문화: 민족주의 담론 분석」, 『현대중국연구』 20(2), 2018b, 63~66쪽.

19 왕샤오둥, 「서양은 중국의 분노를 직시해야 한다」, 쑹샤오쥔 외, 김태성 역, 『앵그리차이나』, 21세기북스, 2009, 81~82쪽.

20 한국이 일본을 향한 트라우마가 상존하는 만큼 일본 또한 2차 대전 패전이라는 트라우마가 존재한다. 중국이 중화주의 복원을 계기로 미국과 위험스럽기까지 한 '투키디데스 트랩'을 감수할 의지를 보이는 것에 비한다면, 한일 양국의 트라우마의 기억은 훨씬 약하다고 본다.

다. 특히 1990년대 탈냉전 시기에 한국의 '위안부' 문제를 시발점으로 점차 한일 쌍방 간에 확산하는 양상까지 나타나기 시작하였다. 우선 1990년대 일본 사회의 주목할 만한 특징은 '과거의 부정 및 망각', '호전적인 태도'를 강조하는 내셔널리즘의 고양이다. 그중에서도 한국으로부터는 '위안부' 문제가 제기됨으로써, 은폐되어 있던 일본의 과거 기억이 부상하게 되고 다시 이전의 식민지 지배나 전쟁 책임과 전후 책임을 묻기 시작하였다.[21] 일본 국내에서는 1990년대 후반 과거의 전쟁이나 침략을 부정하는 '자유주의사관自由主義史觀'이 등장하고 새로운 일본 역사교과서를 만드는 모임 혹은 정책이 일본 사회에서 여론의 변화를 주도하기 시작하였다. 곧 '기억의 왜곡'에 의한 일본 내셔널리즘의 '진화'에 직면하게 된 것이다.[22] 일본의 자유주의사관이란 일본 과거사의 어두운 부분을 감추고 밝은 부분만 드러내면서 '일본의 전통과 정체성'에 호소하는 역사수정주의를 말한다.

> 그것은 천황제 전통 계승, 전전(戰前)의 국가주의 가치관 부활, 극동 군사재단(동경재판)에 대한 비난 또는 냉소적 태도, 난징 사건과 일본군 '위안부' 문제 축소, 일본의 침략과 식민 지배 정당화, 전쟁 책임에 대한 반성과 사죄 외면 등을 특징으로 한다.[23]

1980년대의 역사교과서 문제와 야스쿠니 신사 공식 참배 문제를 둘러싼 갈등과 마찰은 1990년대 이후 더욱 광범위하고 노골적으로 분출되었다. 이러한 일본의 우경화는 더욱 확산하여, 역사 인식과 함께 독도를 둘러싼 한일 민족주의의 갈등으로 더욱 악화하였다. 한국 내 반일 민족주의의 악

---

21 한국뿐만 아니라 일본 국내에서도 시민운동 형태로 전체 보상이 요구되거나, 일본의 비자민당 호소가 정권에 의한 침략전쟁 반성의 담론이 대두되기 시작하였다.
22 윤건차, 「최근 한일관계와 기억의 문제: 역사인식, 과거청산에 연관시켜」, 『문화과학』 40, 2004, 65~66쪽.
23 전재호, 「한국의 반일민족주의 연구: 담론의 변화와 특징」, 43쪽.

화는 더욱이 아베 정권의 노골적인 우경화가 일본 국가주의 사상에 근거함으로써, '역사 인식의 후퇴'의 양상을 보였다.[24]

특히 2001년 이후 일본의 새 역사교과서를 둘러싸고 역사화해 혹은 역사 대화의 범위가 상당히 확산하고 심화하는 형식으로 진전되기 시작하였다. 여기에 한국과 일본이 주로 역사 대화의 주체였던 것이었으나 나중에 중국이 가담하고, 유럽의 몇 개국도 여기에 동참하게 되었다. 접근 방식에 있어 한국과 일본 간의 특이한 차이로, 한국에서는 정부가 시민사회의 자율적인 역사화해 노력을 지원하는 것을 자연스러운 것으로 여기고 있다. 반면에, 일본에서는 비판적 지식인들 사이에서 정부의 개입에 대해 큰 거부 반응을 보인다. 역사 화해의 문제의식이 '역사는 타협하는 것인가' 아니면 '역사의 진실에 다가가는 과정인가'라는 질문과 연관되면서, 한일 간의 민족적 갈등은 재개될 여지를 남기고 있다.[25]

동아시아 한·중·일 간의 역사 문제에는 한마디로 '공감'의 여지가 없다. 한중 양국은 일본의 역사책임에 관한 부정적인 평가를 하지만 일본은 "이미 해결되었고", "많은 노력을 하였다"는 입장을 취한다. 이에 대해 한중은 일본이 저지른 과거의 죄행을 "인정하고", "참회하고", "사과하고", "배상하는" 태도를 요구하고 있다. 반면 일본의 반응은 "애매하고", "모호하며", "과도하게 우경화" 된 수준에 머무는 것으로 비치고 있어, 양 진영 간의 현격한 시각차가 존재하고 있다.[26]

중국 민족주의의 고조는 한중 관계에도 영향을 미치게 되었다. 한중 관

---

24 박진우, 「여론 조사를 통해서 본 한일관계의 상호인식」, 『일본사상』 27, 2014, 109~110쪽; 이종국, 「일본 보수정치인들의 역사인식과 역사적 관계」, 『동북아역사논총』 51, 2016, 227~228쪽.
25 유네스코한국위원회·동북아역사재단, 「역사대화로 열어가는 동아시아 역사화해」, 동아시아 역사화해 국제포럼 〈보고서〉, 10월 9~10일 서울 세종호텔, 2007.
26 허춘홍·정동메이, 「동북아 역사화해에 대한 인식과 감정 그리고 책임」, 『아시아문화연구』 43, 2017, 179~180쪽.

계에 있어서는 주로 '역사와 문화 종주권'을 둘러싼 갈등으로 표출되어, 이러한 갈등이 양국 국민 간의 민족주의 정서를 부추기는 모양새로 확장되고 있다. 이것은 중국의 '문화 민족주의'의 성격과 연계되는 것으로, 2003년 중국의 동북공정을 시발로 표출된 고구려사 왜곡 논쟁의 경우가 대표적 사례 중 하나이다. 이것은 한중 간에 양보할 수 없는 "역사 주권" 차원의 갈등으로 번져, 양국 수교 이후 중국에 관한 부정적 인식으로 전환하는 주요한 계기가 되었다.[27]

근대 시기에 중국이 역사적 단절이나 회복을 경험한 후 '좌절된frustrated 민족주의'는 중국 부상浮上 이후에 "미국 및 서구에 대한 적대적 저항 담론"으로 빠르게 부상하게 되었다. 게다가 동시적으로 중국의 인터넷 민족주의 현상이 맞물리게 됨으로써, 오프라인 민족주의가 부상하는 속도에 상응할 만큼 인터넷 민족주의가 중첩적으로 결합함으로써 '공세적assertive 민족주의'의 성향은 더욱 심화되었다. 이에 비해 한국과 일본의 민족주의는 중국의 그것에 비해 기존 오프라인 민족주의 속성이 상대적으로 안정화(제도화)된 상태이어서 온라인상의 민족주의 부침이 비교적 중국에 비해 현저히 나타나지 않았다.[28]

시간적 변수를 고려할 때, 한일에 비해 훨씬 중국의 민족주의는 '인식틀'의 측면에서 민족주의 관념이 선형적linear 변화를 거쳤다기보다는 단절

---

27 이동률, 「중국 민족주의 고조의 대외관계 및 한중관계 영향」, 『중소연구』 35(4), 2011/2012, 62~68쪽. 한국의 시각에서는 동북공정이 중화민족의 일원인 동북지역 인민들의 정체성과 구심력 강화를 통해 중국의 국가 통합과 체제 안정 확보를 위해 의도된 것으로 파악한다.

28 이민자, 「중국식 인터넷 문화: 민족주의 담론 분석」, 64~65쪽; Se Joon Park, "A Study on the Upsurge and Influencing Factors of Chinese Cyber Nationalism: Focusing on the relationship between South Korea and China", MA Thesis, Hankook University of Foreign Studies, 2011, 142~143쪽. Park은 초기 중국 인터넷 민족주의 태동기에 토론의 주요 타겟이 미국이었다고 본다. 90년대 공산권 붕괴와 세계화의 일환으로 세계 유일 강대국인 미국이 '인권', '안보' 등의 쟁점을 중심으로 중국과 지속적으로 대립각을 세웠던 이유에서 이다.

과 연속의 과정을 겪었다. 또한 내생적 혹은 외생적 요인 ―예를 들어, 중국공산당 혹은 중국의 애국주의, 국수주의적 대중, 중국 내 소수민족의 자치 독립, 미국에 대한 적대감, 중국의 굴기崛起, 타자(한국, 일본)의 민족주의― 등에 따라 '인공물artifact로서의 민족주의' 형성에 행위자 ―국가 및 대중― 의 의도적 및 제도적 개입이 강하게 나타나는 속성을 보였다.[29] 이런 면에서 중국의 민족주의는 동아시아 온라인 민족주의 형성의 요인 및 기능 면에서 구조적으로 '잠복된 소용돌이dormant voltex' 혹은 '허브hub'의 기능을 발휘할 만한 위치를 점하고 있다. 이것은 (1)잠재적이든 의식적이든 (2) 긍정적이든 부정적이든 '동아시아 단위'라는 기제를 통해 온라인 민족주의가 발현될 경우, 타자(한국, 일본)에 비해 중국 사이버 민족주의가 상대적으로 더 큰 비중을 차지하게 되는 것을 의미한다. 이런 맥락에서 중국은 훨씬 자국의 민족주의 ―오프라인 혹은 온라인에서― 의 부침 과정에서 한국과 일본에 비해 '인위적' 개입이 뚜렷해지는 성향을 보이고 있다.

동아시아의 민족주의 갈등 속에 인터넷 민족주의로의 파급과 확산성은 무엇보다 '배타적' 민족주의 쟁점 중에서 '선별적' 사건에 의해 유발되기 쉬운 것임을 주지해야 한다. 게다가 온라인 공간에서는 국가 간 '언어의 차이' ―배타적 언어― 로 인해 '편협된 사이버 행위자cyber actor-centered'가 일방적인 논쟁을 주도하는 유인을 갖는 경향이 강하였다. 나아가 인터넷상의 감정적 글 혹은 사진(이미지) 등에 관한 "자의적 해석= 곡해"에 의해 '혐오적 인종주의'의 형태로 감정대립을 격화시키는 수준으로까지 비화할 소지를 계속 안고 있다.[30]

---

29 여기서 '인공물(artifact)'로서의 민족주의의 의미는, 근대주의적 맥락에서는 민족국가와 민족주의는 1648년 베스트팔렌 조약 이후 생성된 인공물로 보았다는 뜻이다.
30 박영배·박현지, 「인터넷을 통해 나타난 한국과 일본의 민족주의 특성 및 해소방안」, 『일본근대학연구』 53, 2016, 284~286쪽.

2. 인터넷 공간의 '중국' 변수와 역사행동주의(history activism)

오프라인 민족주의가 온라인 공간 혹은 디지털 공간의 '기제' 혹은 '네트워크'을 통할 경우 온라인 민족주의는 판이한 성격의 질적 전환이 일어나게 마련이다. 이런 전제하에 동아시아 온라인 민족주의 성격을 범주화할 필요가 있다. 특히 중국의 경우는 동아시아의 2개국 —한국 및 일본— 과 달리, 자유주의적 민족주의의 발현이 용이하지 않다. 중국 내의 자유주의적 민족주의 성향은, 전통적 중국 질서를 강조하는 중화주의적 민족주의를 개인의 자유와 민주주의 발전을 가로막는 퇴행적 집단주의로 규정한다. 이런 의미에서 자유주의적 민족주의는 실제 중국 내의 영향력 면에서 '비주류'로 볼 수밖에 없다.[31]

중국의 민족주의는 기본적으로 중화민족주의를 근간으로 한다. 더군다나 한국·일본에 비해, 중국은 '관변민족주의official nationalism'의 성향이 강하여, 인터넷 기제에 관해 중국공산당의 정치적·법적 통제 및 조작에 의한 관여가 상당 부분 가능케 된다.[32] 게다가 대중민족주의와 국가주도 관변민족주의 간에 갈등과 접합을 통해 '제도적 중층화institutional layering'의 융합 과정을 거치면서 인터넷 기억공간에서의 표출이 점진적 제도적 변화를 수반하게 된다.[33]

---

31 이문기,「중국 민족주의의 세 가지 특성과 국가 정체성: 역사적 제도주의 시각에서」,『국제정치논총』54(3), 2014, 201~202쪽. 중국 민족주의를 대체로 세 가지로 분류할 수 있다. 1) 전통적 혹은 역사적으로 깔려있는 중화주의적 (천하주의적) 민족주의, 2) 중국공산당이 주도하는 관변 국가주의적 민족주의, 3) 개인의 자유와 민주주의 가치를 강조하는 자유주의적 민족주의이다. 이 세가지는 중층적으로 혹은 단절의 과정을 거치면서 복합적으로 나타나게 된다.

32 이민자,「중국식 인터넷 문화: 민족주의 담론 분석」, 57~63쪽.

33 '제도적 중층화'의 개념은 텔렌의 역사적 제도주의 관점에서 나온 것이다. 민족주의가 '제도'는 아니라 할 지라도 '이념적 측면, 감정의 합리성도 일종의 제도로 간주'하게 되는 맥락에서 사용된 개념이다. 여기서 민족주의가 급격하고 동태적으로 변화하기도 하지만, 단절과 연속의 과정을 거치면서 대체되거나 재배열(rearrangements)되는 현상을 설명하는 개념으로 원용할 것이다. Kathleen Thelen, "How

동아시아의 사이버 공간은 주제에 대한 관심에 따라 특정한 경계 내에서 반복적인 접촉을 통해 사회적 관계가 가상공간에서 동의 공적 공간common public space으로 형성된다. 이러한 사이버 공간은 동아시아라는 사회적 공간의 역사적 경로path-dependence에 기반을 둔 사이버 공동체라 할 수 있다. 이를 기초로 동아시아는 국부적인 상호작용local interaction의 활성화를 통해 관계 공동체를 형성하는 특징을 보이고 있다.[34]

강조할 점은, 인터넷 여론은 가상공간 여론의 형태로 머물러 있지 않고 '현실 공간'의 '실천'으로 이어지는 계기를 제공한다는 점이다. 즉 인터넷에 올라온 정보를 통해 특정 의제에 관해 많은 네티즌이 인지를 공유하게 될 시에 특정 정보가 복제를 통해 확산하거나, 현실의 구체적 행동으로 연결되게 마련이다. 예를 들면, 댓글문화 혹은 인터넷상의 여론 형성에 의해 실제로 실천 행동을 끌어낸 사례가 허다하다. 구체적으로 한 가지 사안을 인터넷상에서 공론화시킬 뿐 아니라, 새로운 의제가 형성된 후 다시 여론화되어 점차 '사회적 의제'로 확대 생산케 된다.[35] 이러한 점층적 메커니즘이 동아시아 국가의 민족주의와 연계될 때 역내의 현실 공간의 실천성이 상황에 따라 증폭되어 역내 갈등이 불가피해지는 것은 자명한 사실이다.

사이버 민족주의를 파악할 때, 동아시아의 경우 우선 중국 사례의 주요 특징의 하나는 무엇보다 반사적reactive 행동의 성격을 띤다는 점이다. 다시 말하면 중국의 사이버 민족주의는 '사건주도적event-driven'이고 '사례민감성

Institutions Evolve: Insights from Comparative-Historical Analysis" in J. Mahoney and D. Rueschemeyer (eds) *Comparative Historical Analysis in the Social Sciences*. New York: Cambridge Unversity Press. 2003; 이문기, 「중국 민족주의의 세 가지 특성과 국가 정체성: 역사적 제도주의 시각에서」, 『국제정치논총』 54(3), 2014.

34 장용호, 『사이버 공동체 형성의 역동적 모형』, 집문당, 2002, 27~29쪽.
35 최동성·최성은·최용준, 「인터넷 포털뉴스 댓글의 여론형성 과정과 특성에 관한 연구」, 『정치커뮤니케이션 연구』 8, 2008, 6~7쪽.

case-sensitive'의 양상을 보인다. 지난 시기를 회고해 보면, 온라인상에서 중국 민족주의의 행동은 외국에 의해 강제로 중국에 가해진 주요 사건 혹은 우발적 사례에 의해 촉발된 경우가 많다. 중국은 국가이익이 훼손될 정황이라고 판단할 경우에 즉각 반사적 대응react으로 맞섰다. 2003년도 중국 사이버 공간의 반일정서는 일본 정부가 중국을 자극하는 행위, 예를 들어 일본 총리의 야스쿠니 신사 방문, 일본 역사교과서 왜곡, 센카쿠 열도에 대한 일본 우익단체의 행동 등에 의해 촉발되었던 경우에 해당했다.[36]

2008년 올림픽 기간 중 4월 9일 베이징 하계올림픽 행사 방송을 진행하던 CNN 사회자 잭 캐퍼티Jack Cafferty가 중국산 제품을 '쓰레기'라고 폄하하고 과거 50년 동안 중국을 지배한 중공 당국을 '깡패'에 비유하면서 물의를 빚게 되었다. 중국은 잭 캐퍼티의 발언이 '당'과 '국가'의 개념을 혼동하고 있으며, "중국에 대한 무지와 적의"를 표출한 것으로 보고 CNN에 사과를 요구하는 등 격한 민족 감정을 드러내었다.[37] 티베트 유혈 사태 이후, 서방 언론에 대한 반감을 키워왔던 중국 네티즌들은 CNN에 크게 반발하며 사과를 요구하는 캠페인을 벌이기 시작했다. 이에 잭 캐퍼티와 CNN은 14일과 15일 각각 성명을 통해, '폭도'라는 표현은 중국공산당 정권을 지칭한 것이며, 중국 국민들을 의미하는 것이 아님을 해명하며 중국 국민들에게 사의를 표명한 바 있다.[38] 이 사태에 관해 SOH 희망지성希望之聲의 특별 해설자 장제롄張傑連은 중국 당국이 민족감정을 선동하는 것은 정치적·경제

---

36 Xu Wu, *Chinese Cyber Nationalism: evolution, characteristics, and implications*, pp. 158~159.

37 Ying Jiang, *Cyber-Nationalism in China: challenging western media portrayals of internet censorship in China*, pp. 93~95.

38 이 사태에 관한 CNN의 성명서 내용의 일부는, CNN would like to clarify that it was **not** Mr. Cafferty's, **nor** CNN's, intent to cause offense to the Chinese people, and [CNN] would apologize to anyone who has interpreted the comments in this way.

적 위기에 처한 중국 정부가 중국인들로부터 주목을 받기 위한 것이라고 논평하였다. 다른 시사평론가 롄롄은 정권의 정당성 확보를 위해 '적대 세력'을 향해 증오심을 품게 만드는 한 가지 빌미로 CNN을 공격하는 것으로 보았다.

> 중국이 말하는 '사랑'은 언제나 '증오'와 동반해 있습니다. 때문에 중국은 애국, 애당愛黨을 선전하는 동시에 **언제나 적이나 적대 세력을 내세워** 그들에 대한 극도의 분노와 증오, 이지理智를 상실한 감정을 표출하는 것을 통해 국가와 중공 정권에 대한 사랑을 표현하게 합니다. 중국 당국의 유혈 인권유린 —티벳 사태 등— 에 대한 서방 민주사회의 비난을 '중국에 대한 적대 세력'이라고 몰아가는 것이 바로 이러한 이유에서입니다.[39]

미국의 소리Voice of America 방송은 그 무렵 미국을 방문했던 티베트의 지도자 달라이 라마가 미국 대학을 순회하면서 강연회를 하는 동안 미국 내의 중국인 유학생들의 민족주의 움직임이 구체화하고 있음을 지적하였다. 워싱턴 주립대학의 중국 유학생들은 달라이 라마의 연설이 비정치적인 문제에 국한되도록 학교 당국에 압력을 행사하였다. 듀크대학에서는 중국 유학생들이 티베트 학생들의 철야기도 행사를 강제로 무산시키는 시도를 감행하였다. 이에 중국인 유학생들이 민족주의 표현으로, 자유로운 토론과 논쟁이 보장된 미국 대학 문화의 근간을 뒤흔든다는 비판이 제기되었다.[40] 이와 같은 서구 미디어에 대한 분노의 감정이 중국 사이버 공간에 광

---

39 김경아, 「中共, CNN 발언 이용해 민족 감정 선동」, 『SOH 希望之聲』 2008년 4월 17일http://www.soundofhope.kr/bbs/board_view.php?bbs_code=bbsIdx2&num=15767 (검색일: 2022. 9. 29).

40 V.O.A. 「미국 내 중국인 유학생들 '서방세계, 중국에 대한 편견 갖고 있다' 불만 표시」, 2008년 4월 30일, https://www.voakorea.com/a/a-35-2008-04-30-voa23-91343014/1317843.html (검색일: 2021. 4. 8). 이러한 분위기는 미 국무부

범위하게 표출되기 시작했다. 이어 일반 중국인들의 Anti-CNN 웹사이트의 코멘트들이 끊임없이 중국과 관련된 사실에 관한 곡해를 비난하는 사진, 글, 오디오 및 비디오 형태 등의 게시물들로 올려졌다. 이러한 서구와 중국의 갈등의 흐름은 2012년 런던 올림픽 사태에까지 점층적으로 강화되는 조짐을 보이게 되었다.

다른 한편으로 동아시아라는 지리적(지역적) 역내에서, 중국의 민족주의 성향의 강화는 —앞서 밝힌 미국과 서구뿐만 아니라— 일본에 관한 감정으로부터 비롯된 것이다. 이런 점에서 중국의 민족주의는 한국, 일본의 그것과는 본질적으로 '다른' 속성의 민족주의 성향을 나타낸다. 중국 민족주의의 특유한 속성에 근거해서 볼 때, 중국의 온라인 공간에서의 민족주의 표출 방식과 기제도 한일韓日의 경우와는 다를 수밖에 없다. 2차 대전 당시 일본의 중국 침공에 대한 반감은 여전히 남아 있다. 특히 대다수 중국인은 일본이 공식적인 사과 혹은 적절한 보상 조치를 취하지 않았을 뿐만 아니라, 국가적 반성의 여지를 보이지 않았다는 점에서 그 부정적 감정의 골이 깊다. 더구나 중일 간 조어도釣魚島 문제를 둘러싼 영토분쟁 및 역사교과서 문제 등이 갈등의 심화를 초래해 왔다.[41] 2005년도에는 수만 명의 시위자가 중국의 여러 도시에 집결하여 일본이 UN 안전보장이사회의 이사국이 되는 것을 반대하는 시위를 벌였다. 이러한 시위들은 인터넷, 휴대폰 및 문자 등을 통해 중국 네티즌의 주도로 조직되고 선동된 결과로 형성된 중국 인터넷 민족주의의 전형적인 사례의 하나이다.

베네딕트 앤더슨Benedict Anderson은 근대의 국민 국가나 민족은 현실 속

자료에 따른 중국 유학생 수와도 무관하지 않다. 2008년 베이징 올림픽 1년 전에 미국에서 공부하는 중국인 유학생은 4만 2천 명 이상에 달하고 있다. 그 이전인 2003년의 2만 명에 비해 2배 이상이 늘어난 상황이었다.

41 Hongmei Li, "Understanding Chinese nationalism: A historical perspective", pp. 17~18.

에 있는 실재의 공동체라기보다는 마음속에 형성된 상상의 공동체라고 본다.[42] 앤더슨에게는 민족적 일체감을 위해서는 역사적 사실보다도 신화나 소설과 같은 상상의 허구invented narratives가 더 적실성을 갖게 된다. 앤더슨은 국가 건설에 성공한 민족 간의 경계를 설정하는 맥락에서 자신의 개념을 적용시키고자 하였다. 이상국에 의하면, 앤더슨의 민족주의는 이미 국가 건설에 성공한 민족의 사례뿐만 아니라 그것을 미래적으로 지향하는 민족에게도 적용될 수 있는 개념이다. 이럴 경우 국가 간의 '경계선을 뛰어넘는' 공동체까지 '상상의 공동체'의 의미를 확장할 수 있게 된다. 따라서 앤더슨은 민족주의를 인식함에 있어서 '방법론적 일국주의'를 넘어설 수 있는 가능성을 제시하고 있다. 그러므로 앤더슨의 상상의 공동체라는 것은 하나의 체계를 요구하고 있으나, 그 체계가 반드시 국가체계일 필요는 없다. 이런 맥락에서 인터넷 민족주의는 '초국가주의' 시각에서 상상의 공동체를 확장할 수 있는 잠재성을 내포할 수 있음을 추정하게 된다.[43] 민족주의라는 것은 이제 물리적 영토가 아닌 인터넷과 SNS라는 또 다른 차원의 공간에서 공동체 —때론 국가형태— 의 형태로 재편될 가능성이 엿보이기도 한다.[44]

인터넷상의 콘텐츠 생산은 전통적 미디어 콘텐츠 생산에 비해 훨씬 더 분산적이고 다원화되었다. 이전처럼 주로 저널리스트나 혹은 정치인에 의해 '위로부터 아래로top-down' 방식으로 양산되지 않는다. 이제는 전통적 미

---

42 Benedict Anderson, 윤형숙 역, 『상상의 공동체: 민족주의의기원과 전파에 대한 성찰』, 나남, 2002. 앤더슨에 의하면, '민족'은 역사적으로 사회에 실재하는 사회적 실체reality가 아니라 민족주의에 의해 상상된 공동체이다. 앤더슨의 논리에 따르면, 온라인 공간의 언술 혹은 담론이 '상상의 민족(imagined nation)'의 속성을 강화시키는 순기능으로 이어지는 것이다.
43 이상국, 「상상의 공동체에서 네트워크 공동체로: 카렌족의 사례를 통한 베네딕트 앤더슨의 민족주의론 비판적 검토」, 『동아연구』 35(2), 2016, 232~233쪽.
44 이상국, 「상상의 공동체에서 네트워크 공동체로」, 271쪽.

디어를 통제하지 못했던 여러 개인이 콘텐츠를 산출할 수 있는 상황에 이르게 되었다. 소위 글로벌 수준에서 비엘리트라 할 수 있는 일반 사용자가 주도하는 콘텐츠 양산이 가능해졌다. 이로 인해 인터넷 사용자는 훨씬 더 용이하게 소위 '상투적 민족주의' 및 '상투적 범세계주의banal cosmopolitanism'를 재생산하거나 확산시키는 위치에 서게 된 것이다.

전통적인 미디어가 민족주의의 확산과 민족 형성의 주요 동인이었던 반면에, 인터넷은 세계화를 촉진하는 주요 요인으로 인식되었다. 기존의 연구에서는 민족주의와 범세계주의를 상반된 세력으로 보아 계량적으로 한쪽이 다른 쪽에 우위를 점유하는 제로섬의 모양새로 인식하였다. 때때로 인터넷상에서는 특정한 민족 정체성에 속해 있다는 사실을 부인하는 추세를 보이기도 하였다. 하지만 온라인 공간에서 민족적 정체성을 드러내고 표출시키려는 성향도 여전히 강하게 나타나곤 하였다. 실제로 온라인상 국가 간 경계를 허무는 범세계주의 성향이 발견되는 한편, 민족국가의 경계를 더욱 강화하려는 '재영토화'의 양면성이 동시에 두드러지게 나타나는 사례가 발견된다.[45]

이처럼 인터넷 공간이란 '상상 속의 대중imagined audience'들에게 개인의 자유와 즐거움을 추구하는 사적 공간으로 머물러 있을 수만은 없다. 점차 온라인 공간은 소셜 미디어로서 공공성과 사사성privateness이 혼재할 수밖에 없는 '매스 퍼스널mass personal'한 미디어 공간으로 변하게 되었다. 특히 국가(민족) 공간의 성격을 띠게 될 때 사이버 공간은 예상하지 못한 '의외의' 성격으로 변환되기도 한다. 더욱이 동아시아의 온라인 공간에서는, 국

---

45 Lukasz Szulc, "Banal nationalism in the internet age: rethinking the relationship between nations, nationalisms and the media", in Michael Skey and Marco Antonsich (eds) *Evereyday Nationhood: Theorising Culture, Identity and Belonging after Banal Nationalism*, London: Palgrave Macmillan, 2017.

가 간 갈등이나 경쟁의식, 역사 인식과 이와 관련한 감정적·인종주의 '배타적' 담론이 심각하게 표출되곤 하였다.[46]

동아시아의 특성상 역내에서 식민지 지배, 왜곡된 역사, 국경 영토 문제 등의 근대적 사안과 연관된 갈등이 오히려 탈근대적 사이버 공간에서 '담론의 발화發話, invented discourse'로 증폭되어 관련 국가 간에 '적대적 공범 관계'의 성격을 드러내고 있다.[47] 한국, 일본 및 중국 간에 동북공정, 독도 영유권, 야스쿠니신사 참배 등 삼국의 영토 및 역사 대립이 증폭되면서 인터넷상에서 한·중·일 민족주의 갈등이 시간이 흐름에 따라 확산하고 있다. 소위 온라인 공간에서 '트랜스내셔널한transnational' 기억들이 한·중·일 개별 국가에 민족주의의 '재영토화'를 꾀하게 하는 동기부여를 하고 있다.

본 연구에서는 무엇보다, 사이버 공간의 언술을 통해 동아시아 역사 인식의 '국경 넘기'가 상당한 장벽에 부딪히게 된 과정을 살펴보고자 한다. 무엇보다 온라인상에서 동아시아 역사의 '집단기억'과 관련하여 앤더슨의 '상상의 민족'이 경로 의존성으로 재현되는path-dependent reimaging 동아시아적 기제의 성격을 살피는 것이 중요하다.

기존 온라인 민족주의의 특징은 온라인 공간의 배타적인 민족주의 양상이 현실에 대한 불만, 그리고 불안정한 현실에 대한 불안을 반영하기 때문에 대체로 온라인과 오프라인을 이분법적으로 뚜렷이 구별 지을 수는 없다. 한마디로 온라인과 오프라인은 항상 "유기적으로 연계"되어 있다.[48] 주

---

46 김은미·임소영·박현아, 「관계적 커뮤니케이션으로서의 뉴스 공유: 자기제시 성향과 뉴스 공유 대상의 특성을 중심으로」, 『한국방송학보』 31(3), 2017, 121~123쪽.
47 '적대적 공범관계'란 한양대 임지현교수의 표현으로, 삼국의 인터넷 누리꾼의 행태를 살펴보면 한 국가에서 민족주의가 대두되면, 나머지 국가의 민족주의로 재현되거나 관련 국가의 민족주의가 강화되는 현상을 말한다. 김윤종, 「한중일 '인터넷 삼국지'…'사이버 민족주의' 극성」, 『동아일보』, 2009년 9월 13일, https://www.donga.com/news/Culture/article/all/20060913/8350277/1(검색일: 2021. 10. 3).
48 이원경, 「일본 인터넷 민족주의의 전개와 한국에 대한 함의」, 『동아연구』 65, 2013.

요한 사실은 온라인 민족주의가 오프라인 민족주의의 단순한 '반영'이라거나, 오프라인 민족주의가 온라인 민족주의를 결정짓는다determined는 것은 아니다.

온라인 공간의 민족주의는 한편으로, 오프라인 민족주의 속에서 표출됐던 언술 혹은 담론들이 온라인에서 현저한 확장성을 보이는 것을 부인할 수 없다. 다른 한편으로, 오프라인에서 은폐됐던 언술과 담론이 온라인 공간에서 심층적으로 표출되어 새로운 형태variant의 민족주의를 낳게 될 가능성이 더욱 커진다. 한마디로 온·오프라인 민족주의는 상호 시너지 효과를 가져온다. 한마디로 동아시아 국가 간에 근대적 집단 기억(국경 혹은 영토 문제 등)의 형태로 재현될 경우 '탈경계적' 사이버 공간의 민족적 갈등은 더욱 민족주의의 '재영토화'를 낳는다는 사실이다.

동아시아의 인터넷 민족주의 고조의 계기는 90년대 중국의 민족주의 표출의 확산과 상당히 연관성이 있다. 기본적으로 민족주의의 의식과 운동이라는 측면에서 근대 중국의 민족주의는 주로 '방어형' 또는 '자위自衛형' 민족주의로 간주되어 왔다. 그러던 것이 1990년대 이후 중국정치의 주요 변화 중 하나는 민족주의 흐름의 '공세' 현상이다. 중국은 내부 정체성의 위기를 극복하고, 사회주의 이데올로기의 대안 모색을 위해 중국 정부(공산당 등)가 나서서 중국인들의 민족주의 정서를 자극하게 되었다. 정보 기술 및 인터넷 발전에 따라 중국 사회에 위협적인 사회적 혼란에 대해 소위 '분노'의 표시로 나타나는 중국의 인터넷 민족주의는 어떤 의미에서 '새로운 이데올로기' 표출의 한 유형으로 비치기도 한다.[49]

이런 흐름은 대내적·대외적 복합적 요인에 의해 자극받은 바가 컸다.

---

49 Ying Jiang, *Cyber-Nationalism in China: challenging western media portrayals of internet censorship in China*, North Terrace, University of Adelaide Press, 2012, pp. 51~54.

예를 들면, 중국의 미국 및 서방과의 갈등, '중국 위협론'에 대한 서구로부터의 경계심, 중국공산당의 애국주의 운동, 국력 신장에 의한 중국 엘리트들의 자신감, 그리고 중화주의 회복을 위한 중국 전반의 의지 등이 상승 작용한 결과이다. 1990년대 초부터 형성되기 시작한 인터넷 민족주의의 흐름에 맞물려, 1993년 미국 의회에서는 2000년 베이징 하계 올림픽 개최 저지 결의안을 통과시켰다. 중국의 올림픽 개최가 좌절되는 시점을 기화로, 대대적인 배외 민족주의 정서가 표출되기 시작하였다.[50] 온라인상에서 중국의 민간 혹은 공적 차원에서 확산하고 있던 반일감정의 격화 및 반미 민족주의 정서가, 경제교류 및 외교 갈등으로 비화하는 상황까지 이르게 되었다.[51]

시기적으로 제40차 중국 인터넷 발전 현황 통계에 의하면, 2017년 6월 중국 인터넷 사용자는 중국 전체 인구의 1/2에 해당하는 7억 5천백만 명에 이르렀고, 모바일 인터넷 사용자는 전년 대비 2천8백30명이 증가한 7억 2천4백만 명에 달하게 되었다. 동일한 보고서에 따르면 2017년 6월 전체 인터넷 사용자의 83.1%가 뉴스 서비스를 이용하고 있었고, 모바일 인터넷 사용자의 비율은 82.4%에 이르게 되었다.[52]

여기서 우리는 제임스 라일리James Reilly가 지적한 중국의 '역사행동주의 history activism'에 주목할 필요가 있다. 중국의 역사행동주의는 중국 국가에 의해 공인된sanctioned 행동주의를 말한다. 중국의 역사행동주의란 전시戰時

---

50 김영남, 「중국 외교정책 추진과정에서 인터넷 민족주의의 역할: 한국의 사드 배치 결정을 중심으로」, 고려대학교 석사학위논문, 2019, 2~3쪽.

51 이정남, 「천하에서 민족국가로: 중국의 근대민족주의의 형성 및 현재적 의의를 중심으로」, 『중소연구』 109, 2006, 68~69, 85~87쪽.

52 김영남, 「중국 외교정책 추진과정에서 인터넷 민족주의의 역할」, 2, 12쪽. 자료 출처의 원본은 The 40th China Stastical Report on Internet Development, CNNIC 2017이다. 김영남의 논문에는, 중국 인터넷 사용자를 2017년 현재 전체 인구의 1/5로 밝히고 있으나 논리적 유추를 통해 1/2이 맞을 것으로 보아 수정하였음을 밝힌다.

상황의 일본의 잔혹성을 드러내기 위해 기념관(박물관) 및 학술적 근거를 제시하며 '포퓰리즘적' 대일對日 공세를 펴는 중국의 반일反日 대응 자세를 말한다. 이것은 '역사'와 '기억'과 관련하여 국가가 주요 행위 주체로서 주도적 역할에 나서는 것을 뜻한다. 디지털 역사(기억) 공간의 확산을 위해, (중국) 국가가 대중적 정서를 자극하고 온라인 저항을 동원하는 효과적인 기제로서 기능하게 됨을 의미한다.[53]

이러한 중국의 행동주의와 유사한 것이 역내의 한국 및 일본에 전무全無하다고는 할 수 없지만, 중국식 역사행동주의는 다분히 중국적 특색을 띠는 '중국 변수'로 봐야 할 것이다. 이를 이해하기 위해 아직 논란의 여지는 있으나, 박세준이 2010년을 기점으로 분석한 것은 매우 흥미로워 주목할 만하다. 그는 중국 온라인 민족주의를 시기별로 그 특징을 3단계의 국면으로 나누어, (1)태동기는 반미反美였고, (2)격화기는 항일抗日의 성격을 띠고, (3)전환기로서 한국을 겨냥한 혐한嫌韓의 성격을 보인다고 강조한다.[54]

여기서 중국의 역사적 행동주의뿐만 아니라 자국 내 특징적 행동(주의)에 관해 주목할 필요가 있다. 중국의 경우 사이버 공간은 중국의 정치체제 및 국가의 본원적 성격에서 비롯되는 권위주의 체제에 의해 통제되고 조정된다. 한마디로 국가권력이 인터넷 토론 환경에서 개인의 의견 개진에 관해 주요 요인으로 작용하고 있다. 중국 정치에 관한 인터넷의 영향은 중국 내에 훨씬 복잡하고 복합적인 영향을 미쳐 왔다.

1980년대 후반부터 1990년 후반까지 중국에서 급격한 정치사회변동 가

---

53 James Reilly, "China's History Activism and Sino-Japanese Relations", *China: An International Journal*, 4(2), 2006, pp. 189, 211~213; 류석진, 「디지털 기억공간에서 민족주의가 발현되는 방식에 대한 연구」, 84~85쪽.

54 Se Joon Park, "A Study on the Upsurge and Influencing Factors of Chinese Cyber Nationalism: Focusing on the relationship between South Korea and China", pp. 141~149.

운데서 정치참여 등을 통해 정치적 성숙과 함께 사회의 여론 형성 과정에 새로운 지형이 형성되기 시작하였다. 중국의 권위주의 국가의 입장에서 인터넷은 경제적 발전의 효과적인 수단이지만 동시에 기존의 정치사회 가치 및 정치이데올로기를 위협할 수 있는 매개체이기도 하였다. 이러한 인터넷의 이중적 효과 때문에 중국과 같은 권위주의에서는 인터넷의 기능이 경제적 '촉진자'인 동시에 정치적 '규제자'라는 이중적 역할 수행이 요구되고 있다.[55]

이와 관련하여 중국은 경제적 차원의 '자유화liberalization'와 '민주화 democratization'의 두 중심축으로 변화를 겪게 되었다. 하지만 중국의 '자유화'는 작동 가능한 부문인 반면에, 인터넷 표현을 허용하는 '민주화'로의 전환은 한계에 부딪히게 되었다. 중국 정부의 사이버정치에서 인터넷에 대한 검열과 통제는 엄격하게 적용된다. 다수의 국가기구는 인터넷 콘텐츠 통제와 공적 담론 경쟁에 깊게 관여해 왔다. 네티즌들은 개인적 진실을 밝히기를 유보하고, 반복적인 '공적 거짓public lies'을 수용할 수밖에 없었다.[56]

인터넷 자유가 허용된 서방 국가의 입장에서는 '사이버 주권'을 명분으로 인터넷을 통제해 온 중국에 대해 비판적인 태도를 보여 왔다. 중국의 온라인 공간에서는 중국 정부가 허용하는 범위 내에서만 공적 이슈화가 가능하다. 중국 네티즌의 관심도가 높을 지라도 정부가 허용하지 않는 이슈들은 다양한 방법으로 통제되거나 논의가 금지된다. 선별적으로 어떤 이슈는 허용되고 어떤 이슈는 공론화가 금지되고 있다.

---

55 전희락·오창우, 「중국 정부의 인터넷 규제 정책이 지니는 정치적 의미 연구」, 『정치 커뮤니케이션 연구』 17, 2010, 300~301쪽.

56 홍주현·이미나, 「유튜브에서 한국 관련 민족주의 이슈의 현저성에 따른 이슈 확산 네트워크 유형 연구」, 110~112쪽; Rongbin Han, *Contesting Cyberspace in China: Online Expression and Authoritarian Resilience*, New York: Columbia University Press, 2018, pp. 5~6, 185~188.

인터넷을 이용한 집회 제안, 공산당 일당 체제에 도전하는 이슈(정치
체제 개혁, 정당조직), 소수민족 독립이나 집단저항, 천안문사건 재평가,
중앙 고위급 지도자 비판 등은 금지된 이슈이기 때문에 인터넷에서
공론화되기 어렵다. 그러나 시민들의 알권리 및 권리보호, 지방 간
부의 부정부패 폭로, 사회정책 비판 및 민생문제 등은 온라인 공간에
서 공론화될 수 있다.[57]

한편으로 중국의 인터넷 공간에서는 국가─사회state-society 간의 힘겨루기
가 계속되고 있다. 무엇보다 중국공산당이 권력에 의한 사회 통제 강화를
지속시키고 있다. 다른 한편으로는 인터넷 공간은 서구의 기대 수준에 미
치지는 못하더라도 중국 대중의 민주주의로의 열망을 진전시키는데 어느
정도 긍정적 기능을 하는 점도 있다.[58]

중국의 인터넷은 자국 중심으로 해외 사이트와 철저히 단절된 폐쇄체
제이다. 한 예로 중국 웨이보Weibo, 微博는 해외 SNS(페이스북Facebook, X옛
Twitter)와 연결이 차단되어 있다. 그뿐만 아니라 중국 내 서로 다른 포털 사
이트의 웨이보 간에도 상호연결이 차단된 '중국 특색'의 SNS이다.[59] 중국
은 온라인 공간의 정치적 외부효과를 내부화internalization하여 중국 민족주
의 이데올로기 동원의 수단으로 활용하기도 한다. 이러한 민족주의 이념
을 인터넷상에 의도적으로 접목해 민주주의의 확산 기제로 사용하기보다
자국의 체제 유지에 도움이 되는 동원 기제로 활용해 왔다. 중국 정부는

57 이민자, 「중국 정부의 인터넷 통제: 새장 속의 자유」, 『중소연구』 37(3), 2013, 210~211쪽.
58 정종필·이장원, 「웨이보(微博)와 중국의 온라인 검열: 정보 통제와 대중 참여를 중
    심으로」, 『21세기정치학회보』 25(4), 2015, 198쪽.
59 2004년 9월부터 시작된 구글의 중국어 뉴스 서비스는 중국 정부가 금지시킨 웹사이
    트 정보를 배제해야 했다. 중국 정부의 요구에 의해 개인 링크들은 구글 이메일인
    G-mail이나 블로그 사이트에 연결할 수 없다. 그리고 블로그 툴(tool)에서 '인권',
    '타이완 독립', '파룬궁', '달라이 라마' 등의 단어들을 검색어로 사용될 수 없게 차단
    되어 있다. 중국의 입장은 사이버 공간을 통해 서구적 가치관, 정치 모델 및 생활양
    식이 중국에 유입되는 것을 막기 위한 적절한 대응이라 주장한다.

인터넷상에서 반미감정, 반일감정 및 반한감정과 연계시켜 민족주의 담론을 조장하여 내부적 불만을 외부로 전환하는 전략을 취하기도 하였다.[60]

1990년대 중국 사이버 민족주의가 반미 감정을 필두로 가속화된 이후, 2003년부터 2007년까지 약 4년간은 중국 사이버 민족주의 기저에서 '반일감정'이 심각하게 표출되기 시작하였다. 나아가 중국은 본격적으로 자국의 자긍심 고취의 일환으로 '동북공정', 역사, 문화에 대한 재해석을 둘러싼 '문화공정', 인접한 한국과의 갈등도 점차 증폭되기 시작하였다. 이것은 곧 이전에 단순히 '자극-반응'의 단계에 머물렀던 중국의 수동적 민족주의의 잠복성이 '공세적 민족주의'의 성격으로 전환되는 것을 의미한다. 점차 중국 인터넷 민족주의는 주도적으로 동아시아 역내域內의 제반 민족주의와 갈등을 심화시키는 양상을 보이기 시작하였다.[61]

3. 인터넷 공간의 민족주의의 '발칸화' : '중국 특색'의 민족주의 등

인터넷의 보급 자체는 특이한 사회적·문화적 파장을 동시에 던져 주고 있다. 민족주의의 사회적 기능의 하나는 개인의 정체성과 소속감에 강력한 감정적 근거를 제시한다. 1990년대 중반 중국의 인터넷 발전은 중국 사

---

60 전희락·오창우, 「중국 정부의 인터넷 규제 정책이 지니는 정치적 의미 연구」, 312~313쪽. 중국 정부는 페이스 북, X(옛 Twitter)를 철저히 차단하는 대신 중국판 SNS인 웨이보(Weibo, 微博)를 허용하고 있다. 웨이보란 마이크로 블로그(Micro Blog, 微型博客) 혹은 미니 블로그(Mini Blog)를 축약한 표현이다. 웨이보는 중국판 X로서, 텅쉰 웨이보는 2010년 5월 서비스를 시작했다. 글자 수를 140자로 제한하는 등 X 모델을 그대로 도입했다. 1위 시나(新浪) 웨이보, 2위 텅쉰(騰訊, Tencent) 웨이보, 3위 바이두 티에바(百度貼吧) 등을 들 수 있다. 2020년 9월에 텅쉰 웨이보는 3억 명이 사용하던 블로그를 폐쇄하였다.

61 사실상 이 무렵 이전까지는 한중 간에 별다른 민족주의 논쟁이 일어나지 않은 상황이었다. 왕호, 「중국 사이버 민족주의의 태동과 변화: 수동적 반응에서 능동적 공세로의 전환」, 한양대학교 석사학위논문, 2017.

회에 소위 '탈주술화'의 과정을 겪게 하였다.[62] 구체적으로 시장경제의 도입과 자본주의적 문화의 향유로 인해 마오毛 시대의 사회주의 집체적인 collective 중국 사회는 개인주의화로 전환하게 되었다. 인터넷은 중국인들에게 상상력의 창출 및 새로운 사회적 상상의 계발이 가능한 공간을 제공하였다. 중국인들은 인터넷의 신선함과 급진성의 경험을 통해 이전과 다른 중국 사회 속에서 아우라aura와 카리스마를 경험하게 되었다. 중국의 민족주의는 사이버 공간에서 공동체를 향한 다양한 희구 및 낭만적 영웅주의에 관한 집단적 열망 등을 정당화시키는 하나의 이념처럼 등장하는 계기를 맞이하게 되었다. 인터넷 민족주의의 등장으로 인해 이미 사라진 것으로 여겨졌던 과거 이념으로부터의 탈주술화가 다시 '재주술화'의 모양새로 회귀하게 되었다.

중국의 디바출정Diba Expedition은 인터넷 민족주의를 이해하는 데 있어 단순히 기술의 중요성 못지않게 문화적 요인이 얼마나 중요한 것인가를 증빙하는 한 사례이다.[63] 디바 출정은 어떤 의미에서 민족주의의 '팬덤화' 현상으로, 중국 인터넷 민족주의의 또 다른 '변형variant'으로서 그 특이성을 드러낸다. 팬덤은 특정한 대상을 선호하는 사람들fan이 여러 문화적 현상

---

62 Guobin Yang, "Performing cyber-nationalism in twenty-first-century China : The case of Diba Expedition", in Hailong Liu (eds) *From Cyber-Nationalism to Fandom Nationalism*, London and New York: Routledge, 2019, pp. 1~6. 탈주술화(disenchantment)의 테제는 막스 베버가 근대사회의 한 특징으로 제시한 개념이다. 전근대 사회를 지배해 왔던 종교적인 권위 혹은 전통의 힘이 약화되는 대신에 이성을 통해 세계를 인식하고 분석하는 계기를 갖는 '합리화' 과정을 말한다. 자연과학은 물론이거니와 당위나 규범을 다루는 분야에서 조차 초월적인 권위나 권능이 사라지는 현상을 포괄적으로 지칭하고 있다. '재주술화'는 주술화 시기의 초월적인 관념체계로 회귀하는 과정을 말한다.

63 중국의 인터넷 포털 사이트 바이두(百度)의 인터넷 커뮤니티로 2004년 개설된 중국 축구선수 리이(李毅)의 팬 커뮤니티이며 2,000만 명 이상이 유저가 가입되어 있다. 조롱의 의미에서 붙여진 그의 별명 '축구황제(李毅大帝)'에서 '디바'라는 별칭이 유래되었다. 대중은 모두 제왕이다(大衆皆帝)라는 기치 아래 중국의 인터넷 하위문화를 대표하는 커뮤니티로 알려져 있다.

을 자신들의 공동체 의식과 문화에 수용하여 재해석하려는 동기에서 비롯된다. 팬덤이라는 문화 현상은 기존 주류 문화나 우세 문화와 비교하여, 일방적으로 따라가던 이미지·작품들을 재해석·재가공하여 외부와 자신의 미적·문화적 감각과 인식을 차별화하려는 시도이다.[64]

'디바출정'이란 2016년 타이완 총통으로 차이잉원蔡英文이 당선된 직후, 중국의 애국주의 청년 샤오펀훙小粉紅 네티즌의 행동주의의 한 단면을 말한다. 이들 네티즌은 차이잉원蔡英文 페이스북 페이지 및 친타이완 독립 성향 언론사들의 페이스북 페이지로 '출정'하여 댓글 테러 공격을 통해 서버를 다운시켰다. 이 사건과 연관되어 중국 사이버 민족주의를 소위 '팬덤 민족주의'라고 명명하려는 시각까지 등장하였다. 류 하이룽劉海龍는 그의 편저『사이버 민족주의로부터 팬덤 민족주의로From Cyber-Nationalism to Fandom Nationalism, 2019』에서 팬덤 현상으로서의 중국민족주의의 다양한 모습을 분석하고 있다. 무엇보다 류 하이룽은 중국의 민족주의가 엄중한 민족주의 시위에서 흥미본위의 '민족주의 퍼포먼스performance'로 성격이 전환되었음을 강조한다.[65] 한때 제국의 모습까지 띠었던 중국의 국가가 네티즌들에게 '아이돌idol로서의 국가'로 상징화되고 이미지화된 것이다.

한국의 여느 1990년대생과 비슷하게 온라인 게임과 인터넷 커뮤니티 활동에 익숙하게 자란 '샤오펀훙小粉紅'은 여러 소셜미디어 활동에 능숙한 중국의 디지털 네이티브 세대이다. 이들은 중국의 이전 세대보다 상대적으로 안정되고 풍요로운 환경에서 중국의 부상을 직접

---

64 이승원, 「팬덤 정치와 포퓰리즘: 대안적 정치문화를 위한 기획」, 『문화과학』 108, 2021, 110~111쪽.

65 Hailong Liu, "Love your nation the way you love an idol: New media and the emergence of fandom nationalism", Hailong Liu (ed.) *From Cyber-Nationalism to Fandom Nationalism*, London and New York: Routledge, 2019a, p. 142. 류 하이룽의 본 영문저서는 한국에서 『아이돌이된 국가: 중국인터넷 문화와 팬덤 민족주의』, 갈무리, 2022로 번역되어 있다.

목격하고 국가에 대한 자부심을 키우며 성장했다. 또한 상대적으로 여유로운 환경 속에서 해외여행과 유학, 초국적 케이팝 팬덤 활동, 다국적 온라인 게임을 하며 전 지구적 감각을 익혀왔다 (중략) 이전의 중국 민족주의 담론에서 국가는 숭고한 감정을 불러일으키고 섬겨야 할 대상이었다면, '샤오펀훙' 세대에게 **국가는 오락의 대상이며, 팬으로 지지하고 보호하며 키우는 존재**가 되었다. 이로써 이들에게 국가는 재미있는 덕질을 할 수 있는 또 하나의 아이돌인 것이다.[66]

초기 사이버 민족주의의 주요 논제들은 기본적으로 정치적 사건이나 대중 미디어에서 연유된 것이었다. 이에 비해 언급한 팬덤 민족주의는 새로운 사이버 민족주의 한 형태로, 인터넷상에 새롭게 설정된 '상향식 의제'의 성격을 띤다. 이러한 '상향식 자기 동원'의 특징을 지닌 민족주의는 더욱 '접근성이 쉬워졌고', 일상생활과 개인 정체성의 연결성이 훨씬 용이해 것이 특징이다.

디바출정의 유희적 스타일은 과거 초기 중국의 민족주의와 뚜렷하게 구별되는 특이성이 있다. 거슬러 올라가 보면 1997~1999년의 '인도네시아 반중폭동 반대' 시위나 1999~2011년의 미중 사이버 전쟁, 2001~2003년 온라인 오프라인에서의 반일 시위 등에서 나타난 '분노'와 '우울'과 같은 감정과는 구별되는 것이다. 디바에서 발견되는 것은 '재치 있는 유머와 비아냥, 참신한 패러디' 등 모두 순수한 언어 게임의 양상을 보이고 있다. 이러한 소통 방식은 성격상 이전과 달리, 정보나 이데올로기의 콘텐츠라기보다는 '소통 그 자체에서 발생하는 스스로의 만족감'에 초점을 둔다.[67] 이런

66　이다은, 「[서평] 국가를 덕질하기: 새롭게 등장한 중국의 팬덤 민족주의」, 『민중언론 참세상』 2022년 7월 29일, http://m.newscham.net/news/view.php?board=news&nid=106807 (검색일: 2022. 9. 30).
67　류 하이룽, 김태연 외 역, 『아이돌이된 국가: 중국 인터넷 문화와 팬덤민족주의』, 갈무리, 2022, 261~262쪽.

점에서 팬덤 민족주의는 기존의 관변민족주의와는 달리 대중 발화發話의 민족주의의 한 변이variant로 볼 수 있다.

디바출정이 시작되기 전, 중국에서는 '저우쯔위' 공식 사과와 '타이완 총통선거 결과'라는 사건이 대단한 화젯거리였다.[68] 중요한 것은 사이버 공간의 집합적 속성이 아니라면, 이러한 사건은 현실적으로 집합적인 행동으로 비화하기 어렵다. 디바 출정의 예는, 바이두 톄바百度貼吧에 공지가 올라오자마자 산발적인 관심들이 한곳으로 신속히 집중되면서 단시간에 집합적이고 열광적인 집회의 효과를 연출하게 되었다. 대중들이 피동적인 관람객의 입장이 아니라 적극적인 행동자로 등장한 것이다. '디바 출정'은 상징적으로 소위 '집단 의례rituals'의 형식으로 격상된 사건이었다. 이러한 의례는 집합행동의 근거가 되는 감정에 바탕을 두고 있기 때문에 신념의 형태보다 훨씬 더 효과적으로 사회적 활력의 원인으로 작용한다. 주지해야 할 점은 팬덤 민족주의는 집단 참여를 유발하는 상호 의례interactive rituals에 초점을 두는 것으로, 한 예로 타이완 독립에 관한 반대 시위에 주목하기보다는 '집합 행동이라는 의례'를 더 중요시 여기는 성향을 보인다.[69]

중요한 사실은, 디바출정을 계기로 등장한 '팬덤 현상'으로서의 중국 민족주의는 대중민족주의에 근간을 두고 있음에도 불구하고 관변민족주의와 양가ambivalent 관계에 있음을 부인할 수 없다. 디바 참가자들이 출정에

---

68 2015년 11월 21일 한국의 걸 그룹 트와이스의 멤버인 쯔위는 MBC의 〈마이 리틀 텔레비전〉에 출연하여 타이완의 국기를 흔들었다. 2016년 1월 쯔위를 포함한 트와이스 멤버가 베이징 TV와 안후이 TV 춘절 특집쇼에 출연한다고 하자, 쯔위의 춘절 특집쇼 출연을 반대하는 글이 실리고 1만 5천 회가 공유된 사건이다. 결국 안후이 TV는 춘절 프로그램에서 트와이스를 배세하였고 베이징 TV는 트와이스를 프로그램에서 제외시켰다. JYP는 이에 대해 사과하고 쯔위의 프로필에서 '국적 타이완'을 '출생지 타이완'으로 바꾸었다가 이후 다시 '중국 타이완'으로 수정하였다.

69 Guoquiang Liu, "Collective action as interaction ritual in cyberspace", in Hailong Liu (ed.)*From Cyber-Nationalism to Fandom Nationalism*, London and New York: Routledge, 2019, pp. 99~102.

관여한 커뮤니티는 게시판 바탕색이 분홍이라고 해서 '샤오펀홍小粉紅'이라 불린다. 샤오펀홍은 대중매체에서 마오쩌둥毛澤東의 홍위병을 연상시키면서 '온라인 폭도online mob'라고 불리웠다. 게다가 디바 출정은 중국의 민족주의의 관점뿐만 아니라 '제국'의 담론을 동시에 표출하고 있다. 디바에서는 아름다운 풍경과 음식을 보여 주면서 애국적 정서를 표방하는 시민 운동임을 내세웠다. 하지만 그것이 사용한 언어와 이미지는 과거 (중국) 제국의 담론 잔재를 여전히 버리지 못하고 있는 특이성을 드러내고 있다.[70] '아이돌이 된 (중국) 국가'가 '놀이' 형태로 정치에 무관심했던 대중들을 정치적으로 주체화시키는 것은 한편으로 긍정적인 기능이 있다. 반면에 중국의 사이버 민족주의가 과거 중국의 화려했던 영화榮華를 추억하는 것은 이해될 수 있으나, '정치'나 '민족주의'가 단순히 놀이로 표현되는 것은 역설적으로 위험성을 내포하게 된다. 이런 점에서 중국 이외의 동아시아 국가의 시각에 볼 때 팬덤민족주의는 하나의 우려로 비쳐지고 있다.

> 그들이 '디바출정'에서 타이완에 요구한 태도는 과거 제국으로서의 청나라가 부속국의 조공을 받는 모습이었다. 제국주의 담론의 흔적이 여전히 존재하는 한 중국의 사이버 민족주의는 비판적으로 검토될 수밖에 없다. 현실적으로 중국은 세계에서 가장 많은 인구를 보유한 정치적, 경제적 대국이며 강대국의 약소국을 향한 작은 농담과 놀이는 단순히 놀이로만 보기는 어렵기 때문이다. **유희적 놀이가 거대한 폭력으로 전환**되지 않기 위한 조건들에 대해서 고민이 필요한 지점이다.[71]

---

70 Guobin Yang, "Performing cyber-nationalism in twenty-first-century China : The case of Diba Expedition", pp. 8~10.
71 김정구, 「놀이로서의 민족주의, 혹은 인정투쟁의 병리학:『아이돌이 된 국가』읽기」, 『중국현대문학』, 102, 2022, 266쪽.

국제적 커뮤니케이션의 역동성에서 볼 때, 새로운 미디어 인터넷 기술의 발달로 인해, "전 지구적 상호연계성"의 강화라는 긍정적 측면이 있으나, 역으로 "개별국가의 단절성(소외성)national insularity"을 야기시키는 모순 혹은 양면성을 보이고 있다. 다시 말하면, 인터넷이 지리적 범주(한계)를 넘어서 범세계적 공적영역을 창출하는 한편, 반면에 '국가적 및 인종적 공민公民, national and ethnic publics' 내에서 "인종주의 성향"의 분열이 조장되는 이율배반성을 드러내고 있다.[72]

유사한 시각에서, 박수옥 및 송문수는 인터넷을 통해 영토와 국가라는 한정된 공간을 넘어서 경쟁(상대)국을 비하하거나 자국 우월주의를 표방하는 '새 유형'의 '미디어 내셔널리즘' 현상을 지적한다. 인터넷 언술과 담론들은 전파가 빠르다는 이점이 있는 반면에, 예능 프로그램, 혹은 잡지와 서적 등을 통한 확대 재생산 과정에서 부정적인 이미지를 강화하거나 고착화시킬 우려가 내재되어 있다. 심지어 온라인의 담론으로 머물지 않고, 오프라인상에서 구체적인 행동을 낳는 결과까지 빚을 가능성이 엿보인다.[73]

이런 사례는 중국과 같은 다민족국가 —상당한 소수 민족으로 구성된— 의 중국의 경우가 전형적인 예例가 될 수 있다. 이런 현상은 '지구적 차원'과 '국가적 차원'에서 동일하게 반복되는 현상이라 할 수 있다. 이

---

72 Ki deuk Hyun et al., "New use, nationalism, and Internet use motivations as predictors of anti-Japanese political actions in China", *Asian Journal of Communication*, 24(6), 2014, pp. 589~590.

73 박수옥, 「일본의 혐한류와 미디어 내셔널리즘: 2ch와 일본 4대 일간지를 중심으로」, 『한국언론정보학보』 8월호, 2009, 120~121쪽; 송민수, 「한·일 넷우익 사이트와 혐한·반일 의식: 니찬네루·재특회와 디시인사이드·일베저장소를 중심으로」, 『영상문화콘텐츠연구』 10, 2016, 127~128쪽. '미디어 내셔널리즘'은 인터넷의 '넷(net)'과 민족주의를 의미하는 내셔널리즘(nationalism)의 합성어로 '넷셔널리즘(netionalism)'으로 표현되기도 한다. 한 예로 동아일보에서 "한중일 넷셔널리즘 '막말 삼국지'"라는 기사로 다룬 바가 있다.

런 점에서 온라인 민족주의는 대체로 단일적monolithic이라기보다는 '다중성 multiplicity'의 모양을 띠게 마련이다.

오프라인 민족주의와 인터넷 민족주의의 유기성을 강조하는 시각에서는, 인터넷 민족주의와 기존 민족주의가 중층적으로 축적될 경우 동류항의 민족주의로 공고화될 가능성에 방점을 두고 있다. 물론 온라인 민족주의의 주요 특징은 바로 온라인 공간에서 민족주의 갈등이 증폭되는 추세가 있다는 사실이다. 공간적 속성의 성격이 다름에도 불구하고, 오프라인의 민족주의는 온라인 공간의 민족주의로 인해 민족주의가 훨씬 '확장성'을 보이는 것은 부정할 수 없다. 온라인 공간의 특성상, 오프라인 민족주의 관련 담론이 어떤 형태로든 '재생산'되거나 '재민족화(재영토화)'될 가능성이 점차 커지고 있다.

다른 한편으로 민족주의 담론의 주체는 소수의 엘리트로부터 대중으로 확대되어 나가는 성향을 보인다. 주목할 만한 사실은, 엘리트(혹은 오피니언 리더)가 제시하는 하향식up to bottom 이슈에 비해, 일반 대중이 몰입하는 이슈는 ―전자보다― 훨씬 사회적 파장이 크다. 그 이유는 대중들 간에 소수의 극단적인 민족 담론의 표현이 일관성이 없을 뿐만 아니라, 이성보다는 감성적이고 분절적 분노 표출의 성격을 띨 때가 많기 때문이다.[74]

그럼에도 불구하고 동아시아 민족주의를 논함에 있어, 온·오프라인 두 유형의 민족주의가 반드시 중층적(중첩적) 민족주의로의 구심성을 강화하는 것은 아니다. 때로는 민족주의가 사이버 공간에서는 '지구화'와 '지방화 localization' 간의 모순과 긴장이 한 데 응축되어 나타나기도 한다. 두 가지 민족주의 속성 간에 때로는 원심적 분리성divergence을 보일 때가 있다.

기본적으로 전 지구화 현상은 민족이나 국가, 문화권 간의 경계를 초월

---

74 조희정, 「온라인 공간의 한·중·일 민족주의 갈등과 탈민족주의」, 162~163쪽.

하여 전 지구적 보편성을 확장한다. 반면에, 동시에 동질적 "문화, 종족, 언어, 계급" 및 특정 정치적 입장에 기반한 경계를 다시 강화하는 사이버 발칸화cyber-balkanization라는 분절 현상도 수반하게 된다.[75] 클루버Kluver가 강조하는 바는, 지구화와 정보화의 힘force은 원심성centrifugal effect을 나타내기 때문에, 개별국local의 전통과 문화적 규범을 오히려 강화시키려는 역류가 나타난다고 지적한다. 전 지구화에 역행되어 비주류 혹은 비서구적인 시각이 부상하게 될 가능성이 점차 높아질 수 있는 아이러니를 함께 발견하게 된다.[76]

약간 다른 각도에서, 민족주의의 '강조(강화)'가 민족주의의 '공고'로 반드시 연결되는 것은 아니라는 논의에 주목할 필요가 있다. 동아시아와는 다른 아프리카 민족주의의 경우, 파농이 지적했듯이, 다인종적 아프리카에서 민족주의의 강조는 오히려 "인종주의로 변모"하는 의외의 결과를 낳게 된다는 점이다. 이렇듯 민족주의 속의 다양한 부족과 인종 간의 갈등이 표면화되었을 때 '민족의 이름으로' 오히려 "배제와 학살"이 일어나게 된다.[77]

심지어 미국이라는 슈퍼 집단super-group 속에서도 '포용적 국가주의' —미국의 특성상 민족주의라는 말 대신 사용할 수 있는 단어로서— 가 공동체를 포용하려는 시도에도 불구하고 인종, 종교, 성性정체성, 출생지에 기반한 부족주의tribalism로 대체되고 있는 것이 현실이다. 미국이 이민 국가임에도 불구하고 구성원들이 거대집단 속에서 집단의 우위 정체성이 '국가'가 아니라 인종, 지역, 종교, 분파, 부족에 기반을 두었다는 시각이 제시되고 있다.[78]

---

75 백지운, 「전지구화 시대 중국의 '인터넷 민족주의'」, 『중국현대문학』 34, 273~274쪽.
76 Randy Kluver, "Globalization, Informatization, and Intercultural Communication", *American Communication Journal*, 3(3), 2000.
77 이석구, 『제국과 민족국가 사이에서 : 탈식민 시대 영어권 문화 다시 읽기』, 한길사, 2011, 31~32쪽.
78 이소영, 「미국 유권자의 당파적 정체성과 정치적 부족주의」, 『대한정치학회보』 28(1), 2020, 8~9쪽.

온라인 민족주의와 관련하여, 중국 온라인 민족주의는 원심성의 측면에서 다른 동아시아 역내의 국가와 구별된다. 인터넷 민족주의의 생성을 계기로 중국의 경우에는 대중민족주의의 강화를 가져오지만, 역으로 중국 내 소수민족 문제가 불거져 중화민족주의가 이전에 예상치 않았던 균열의 조짐을 보이고 있다. 몇 가지 차원에서 중국의 민족주의는 온라인상에서 표출될 때 동류항의 민족주의로 보기 어려운 분파적divergent 성격을 드러내고 있다. 인터넷 민족주의를 논함에 있어 '중국 변수'에 관한 사전적 이해야말로 동아시아 온라인 민족주의 현상의 복잡성/복합성 파악을 위해 고려되어야 할 문제 의식이라 하겠다.

대체로 중국 민족주의의 표출은 역사적으로 서방의 제국주의와 식민주의에 대한 저항에서 비롯된 것이라 할 수 있다. 중국이 제국주의 열강의 침입을 받게 되면서, 근대 중국 민족주의가 형성되기 시작하였다. '천하天下'로 존재하던 중국의 체제 붕괴에 대한 회복의 노력의 일환으로 민족주의의 성격을 파악해야 할 것이다.[79] 이 무렵 중국의 대외 인식은 언제나 반외세anti-foreign, 반서구anti-Western, 반패권주의anti-hegemonic가 중심축이었다. 중세 시기 중국 왕조가 누렸던 강대국의 지위를 다시 회복해야 한다는 의식이 반영된 것이다.[80]

흥미롭게도 중국 민족주의의 등장은 공산당 지배로 그동안 묻혀 있었던 민족주의가 시기적으로 공산당 지배의 한계를 대체할 만한 이데올로기로 중요시되었다는 점이다. 중국은 점차 약화 일로의 사회주의 이데올로기 대신 정부 주도의 민족주의라는 이데올로기를 고양시켜 중국의 정통성 확

---

79 박기철, 「중국의 '인터넷 민족주의'와 대외정책에 관한 연구: 사례와 영향」, 『중국학연구』 55, 2011, 388쪽.

80 정재호, 「중국 외교정책의 변화와 지속성」, 먼흥화·푸샤오위 편, 『세계, 중국의 길을 묻다: 전 세계 싱크탱크가 본 중국』, 성균관대학교 출판부, 2014, 532~534쪽.

보 및 사회적 통합을 시도하였다.[81] 이러한 현상은 국가와 사회 간에 상호 간에 일어난 것으로, 사회 부문에서는 '대중민족주의'의 형태로, 국가 부문에서는 중화 회복을 목표로 천하주의적(신민족주의적) 국가민족주의 성격으로 나타나게 되었다. 소위 국가민족주의와 대중민족주의 간의 교집합은 상당한 수준의 폭발적 잠재력을 지니게 되었다. 이런 상황에서 온라인 공간의 민족주의 담론의 경우 응집과 확산의 속도 면에서 여타 담론에 비해 크게 현시화하는 되는 경향을 보이고 있다.[82]

나아가 중국민족주의는 중국의 개혁개방과 경제적 발전 및 1990년까지의 공산주의의 해체와 붕괴에 이어, 1990년대 이후 중국에서 나타나기 시작한 소위 '애국주의적 민족주의'와 깊은 연관을 맺고 있다. 중국이 1980년대 후반 소련 및 동구의 해체와 천안문 사건 이후, (사회주의) 체제의 위기와 한계 극복을 위해 애국주의 교육을 목표로 젊은 세대를 겨냥하여 중국의 온라인 민족주의는 급격히 확장되기 시작하였다.[83] 이러한 애국주의는 중국 정부의 사회주의 사상 교육을 위한 사이버 공간을 활용하는 학습플랫폼과 불가피하게 연계되어 나타난다. 중국 정부는 인터넷과 스마트폰 앱을 이용하여 당 건설과 사상 전파에도 힘쓰게 되었다. 한 예로 홍색심근망紅色尋根網은 루이진시위瑞金市委 선전부가 주관하는 것으로, 주요 내용은 당 건설, 군사건설, 경제건설, 문화건설, 법제건설, 사회건설 등을 학습시키는 것이 목적이었다. 그리고 시진핑 사상을 포함하여 중국공산당

81 Ying Jiang, *Cyber-Nationalism in China: challenging western media portrayals of internet censorship in China*, pp. 51~52.
82 정윤넨, 송병철 역, 『21세기는 중국의 시대인가: 민족주의, 정체성 그리고 국제관계』, 문화발전소, 2005, 155~157쪽; 박광희, 「21세기 중국 대중민족주의의 대두와 잠재력」, 『신아세아』 24(4), 2017, 22~32쪽.
83 이홍규·하남석, 「중국의 온라인 민족주의와 한국의 대응: 디지털 공공외교 전략 방안을 중심으로」, 『동아연구』 33(2), 2014, 203~204쪽. 민족주의와 애국주의는 엄격한 의미에서 구별되는 것이나, 여기서는 구분없이 언급하게 될 것이다.

사상이나 정책을 학습시키는 플랫폼으로는 '학습강국(學習强國, https://www.xuexi.cn/)'을 운영하고 있었다.[84] 이처럼 중국의 사이버 내셔널리즘은 '국가'의 역할이 두드러지게 나타나는 경우이다. 중국의 인터넷 민족주의가 중국공산당과는 독자적으로 형성되는 운동임에도 불구하고, 중국 온라인상에 국가가 주도적으로 지배담론을 끌어 나가는 것이 특징이다. 중국의 인터넷망은 국가 주도의 사상, 이념을 퍼뜨리고, 타국(일본 혹은 한국)과의 관계에서 발생한 역사적인 '공적 기억'의 서사들을 국가 주도로 변형시키는 등 중국의 온라인 행동주의activism 과정에서 필수적인 매개변수의 기능을 담당하고 있다. 1994년 중국의 인터넷 도입은 국가적 아이덴티티 형성과 민족주의의 상승을 촉진하는 결정적 계기가 되었다.[85]

이러한 배경하에 중국 온라인 민족주의는 지식인과 일반 대중이 주체로서 서로 조응하는 현상을 보인다. 인터넷 이전에 중국의 '엘리트 민족주의' 자체는 반전통주의자anti-traditioanlist와 반근대주의자anti-modernist 사이에 기본적으로 분절적이고 부동적浮動的 속성이 있었다. 구체적으로 '외국인 혐오와 불신'과 '외국 문물에 관한 맹목적 추종'의 양극단 사이에서 요동치기도 하였다. 중국의 엘리트 민족주의는 대중과도 연동되어 있었다. 인터넷 도입 이후 일반 대중과 지식인 엘리트 사이에 인식의 간격은 점차 줄어들게 되었다. 온라인 공간에서 일반 여론과 엘리트 견해의 빈번한 접촉을 통해 공식적인 정치 담론을 상호 견제·보완해 나가면서 역동적인 시각을 형

---

84 공봉진, 「중국 '신시대(新時代) 애국주의'에 관한 연구: '신시대 애국주의교육'을 중심으로」, 『국제정치연구』 22(4), 2019, 124쪽.

85 Oliver C. Garaud, "The Impact of the Internet on Chinese Nationalism: The Emergence of Contentious Spaces on Line", M.A. Thesis, Georgetown University, 2014, pp. 1~2; Miao Feng, "Chinese Cyber-nationalism: The 2012 Diaoyu Island Dispute on Sina Weibo", Ph.D. Thesis, University of Illinois at Chicago, 2017, pp. 29~31.

성하게 되었다.[86] 그것은 상황에 따라 이성적 혹은 비非이성적이기도 하나, 두 흐름은 모두 온라인상의 민족주의 발현을 활성화하는데 기여하였다. 어떤 의미에서는 지식인과 대중들이 상호 결합함으로써 중국 온라인 민족주의 정서의 생산 기능 이상으로 시너지 효과를 가져오게 되었다. 더 나아가 온라인 자체가 '시민사회의 또 다른 영역'으로 존재하게 됨으로써, 온라인상의 민족주의 발현은 중국 외교 부문까지 시민사회의 영향력을 행사할 수 있는 영역으로 확대되어 나갔다.[87]

중국의 대중민족주의는 근대 시기에 열강에 의해 중국이 겪었던 수치와 그 이후 상실한 옛 영광을 회복해야 하는 당위적인 강박관념과 연계되어 있다. 과거에 중국인들은 이러한 압박감을 느끼는 민족주의적 트라우마에 시달리고 있었다. 나아가 중국 정부는 인터넷을 통한 민족주의의 고취가 일정 부분 중국 젊은 세대들의 누적된 불만의 분출구로 이용하고자 하였다. 인터넷 허용은 국가와 중국공산당에 대한 충성심을 유도할 수 있는 수단으로 활용될 가능성이 있다는 판단하에 일정 범위 내에 계속 용인되어 왔다.[88]

반면에, 21세기 중화민족주의는 외부 위협에 대한 위기의식이 약화하는 추세에 따라, 중국 부상에 대한 열망과 기대를 훨씬 고양시키려는 성격이 더 작용하게 되었다. 전략적으로 국가 발전과 통합의 동력에 더 큰 비중을

---

86 Xu Wu, *Chinese Cyber Nationalism: evolution, characteristics, and implications*, pp. 129~130.

87 박광희, 「21세기 중국 대중민족주의의 대두와 잠재력」, 23~26쪽. 2016년 말 현재 중국 인터넷 사용자가 7억 명에 달해 전체 인구의 50% 이상이 온라인 소통을 하게 되었고, 중국의 웨이보에 성인의 50% 이상이 연루되어 있었다. 여전히 온라인 국가 간의 갈등은 애국주의적 요소가 강할 뿐 민속수의라고 볼 수 없다는 논란이 있나. 나아가 온라인 민족주의 특성이 '온라인 공간'의 특성일 뿐 온라인 '민족주의'의 특성으로 볼 수 없다는 문제 제기도 있다. 이에 대해 조희정, 「온라인 공간의 한·중·일 민족주의 갈등과 탈민족주의」, 160~161쪽 참조.

88 Ki deuk Hyun et al., "New use, nationalism, and Internet use motivations as predictors of anti-Japanese political actions in China", pp. 590~591.

두는 성격으로 전환하게 되었다. 소위 중국 민족주의의 '과잉 현상'으로 볼 수 있는 특이하고 예외적인 현상이 목격되고 있다.[89]

아이러니하게도 인터넷상의 민족 감정의 분출이 한 측면에서는 중국의 대외 관계 등의 경직성으로 연결되어 중국의 국가 이미지에 손상을 끼칠 가능성도 배제할 수 없다. 이럴 경우 온라인상의 민족주의가 일정한 한계를 벗어나서 반정부 혹은 반체제 운동으로 전환될 수 있다는 사실이 우려되고 있다. 1990년대 이후 다민족국가인 중국에서는 두 종류의 민족주의, 즉 '대ㅊ 민족주의'와 '지방민족주의' 간의 갈등으로, 중국 내의 소수 민족 —티베트, 신장 등— 의 '인종적(민족적) 감정'을 고양시켜 중국으로부터 분리 독립의 상황으로 확산할 개연성도 내재되어 있다. 이를 막기 위해 중국은 단순히 민족주의라는 용어보다는 중화민족주의라는 포괄적 개념으로 소수민족의 통합을 겨냥해 대응하려고 시도해 왔다.[90]

주목할 점은 중국 민족주의의 돌연한 부상浮上은 역설적으로 1990년대 중반까지만 해도 중국에서 민족주의가 하나의 이념으로서 확고한 기반을 갖추지 못했다는 점을 반증하는 점을 인식해야 한다.[91] 특히 21세기에 들어와 인터넷과 민족주의의 결합으로 형성된 인터넷 민족주의는, 1990년대 이후의 '공세적' 중국의 행동주의를 축으로 동아시아의 민족주의 갈등 조장에 있어 '동력의 허브dynamic hub'로서 작동하고 있다. 온라인 공간의 중국 민족주의 부상은 동아시아 담론이 시사하는 동아시아 공동체론에 대한 기대에 역행하는 전조를 나타내고 있다. 이처럼 2000년대 초부터 한·중·일 간의 민족주의 갈등은 온라인 공간에서 '재주술화'되려는 조짐을 보이고 있다.

89 이동률, 「중국 민족주의 고조의 대외관계 및 한중관계 영향」, 44~45쪽.
90 이동률, 「중국 민족주의 고조의 대외관계 및 한중관계 영향」, 46~47쪽.
91 이정훈, 「1990년대 중국의 민족주의 확산과 단행본 출판: NO 라고 말할 수 있는 중국과 앵그리 차이나의 사례를 중심으로」, 2017, 115쪽.

V

한·중·일 간의 인터넷 민족주의

1. 한일 인터넷 민족주의 : 혐한(嫌韓)과 일본 극우

1) 혐한의 성격

일본 미디어에서 '혐한嫌韓'이라는 용어가 등장하게 된 것은 1992년이다.[1] 혐한의 흐름은 대략 3단계를 거쳐 확대된 것이다. 초기 단계가 고조된 것은 1990년대부터이다. 2단계로 2005년경부터 '혐한'의 토대가 형성되기 시작하였다. 야마노 샤린山野車輪의 저서 만화『혐한류嫌韓流』가 발간되어 베스트셀러가 된 것이 2005년이었다. 3단계는 한국 대통령의 독도 방문 및 천황 사과 요구 발언 이후로 볼 수 있다. 2005년 이후『혐한류』의 출판물을 중심으로 혐한의 분위기가 조성되었는데, 대략 혐한 서적의 80% 이상은

---

[1] '혐한'은 한국의 '반일'에 해당하는 의미로 일본에서 사용되나, 혐한 이외에도 염한(厭韓), 멸한(蔑韓), 증한(憎韓), 리한(離韓), 정한(征韓), 망한(亡韓) 등의 용어로 표현되고 있다. 조진구, 「일본의 한류와 혐한」, 김은기 외, 『한류와 역류: 문화외교의 가능성과 한계』, 한국학중앙연구원 출판부, 2020, 71쪽.

2005년 이후에 출간되었다. 그 이후 일본 사회 내의 혐한의 감정표출이 10년 이상 지속되면서, 혐한 현상이 일시적인 것이 아니라 한일 관계의 상수로 인식해야 할 필요성이 생겼다.[2]

〈그림 5-1〉 만화 혐한류 (嫌韓流) 반한 정서

한국은 어째서 일본의 영토, 다케시마를 침략하는 거야?

한국에는 이제 사죄도 보상도 필요없다.

사무라이, 검도, 스시, 다도, 닌자, 종이접기 등 많은 일본문화를 한국기원이라고 날조하고 있다.

독도 / 월드컵 / 역사 날조 / 우리나라 기원 / 온사마 / 한일합방 / 화병 / 반일 매스컴 / 재일 / 혐한주 / 성형 대국 / 강제 연행 / 우리나라 만세 / 반만년 속국 / 프로시민 / 외국인참정권 / 켄도와 검도 / 사죄와 보상 / 교과서문제 / 쪽바리 기타 등등의 내용이 있다.

*출처 : 晋遊舍 http://www.shinyusha.co.jp

〈그림 5-1〉[3]에서, 한낱 만화책에 불과한 『혐한류』가 주장하는 내용 중에는 한국인들의 역사 인식에 오류가 많고, 자이니치在日,재일라 불리는 사람들이 얼마나 특권을 누리고 있느냐는 주장으로 독자들에게 강한 인상을 심어 주었다. 2005년경부터 시작된 '혐한' 이후 혐한의 분위기가 전성기를 이룬 것은 2012년부터 2014년의 기간이라 할 수 있다. 이 시기에 일본 서점에는 혐한을 나무는 내용이 넘쳐났고, 주간시 혹은 월간지에도 무수히

2 박명희, 「일본 내 혐한(嫌韓)현상과 한국의 대응방향」, 『NARS 현안분석』 21, 2018, 1~3쪽.
3 박수옥, 「일본의 혐한류와 미디어 내셔널리즘: 2ch와 일본 4대 일간지를 중심으로」, 『한국언론정보학보』 8월호, 2009, 125쪽에서 재인용.

많은 혐한을 다루고 있다.[4] 이런 흐름들을 계기로 일본인들의 혐한 인식이 온라인과 오프라인을 넘나들며 점차 확산되어 갔다. 만화『혐한류』는 인터넷 예약만으로 판매 순위 1위를 차지하여, 발매 당일에 이미 절판이 되는 등 발간 초기부터 큰 화제를 불러일으켰다. 그 후 2009년 전후하여 누적 90만 부라는 약간 저조한 수준이라 할 만큼 떨어지기도 하였다.[5]

다수의 혐한 서적 중에서 혐한 만화에 관한 관심이 높아지게 된 배경에는 만화라는 시각 매체가 갖는 특성 때문이다. 만화『혐한류』의 출판은 일본인의 사회적 심리를 가장 잘 표현할 수 있는 계기와 맞물려 있다. 특히 만화의 '시각성'과 '대중성'으로 인해 그 파급효과는 매우 컸다. 이런 이유로 만화를 통해 혐한이 전달될 때는 다른 문자매체에 비해 "무한대의 표현의 자유"를 누리는 장점이 있기 때문에 때로는 '위험성'마저 느끼게 한다. 그 까닭은 정서적으로 젊은 세대는 만화를 다른 문자 매체에 비해 더 많이 소비하는 성향을 갖고 있고, 이에 따라 만화의 내용을 훨씬 쉽게 믿게 되는 성격을 나타내고 있다.[6]

민간 수준에서 일본 젊은이들의 민족주의 정서를 표출하는 전형적인 예로는 2채널과 재특회를 들 수 있다. 2채널은 탈냉전기이자 소위 '잃어버린 10년'의 후기인 1999년에 설립된 인터넷 게시판이다. 2채널은 2000년대 후반부터 2010년대 초반까지 가장 인터넷에서 영향력을 가진 시기였다. 이

---

4 오구라 기조(小倉紀藏), 한정선 역, 『일본의 혐한파는 무엇을 주장하는가』, 제이앤씨, 2015, 18~19쪽.

5 『만화혐한류』는 1권은 20만 부, 2권까지 65만 부, 2009년을 전후한 시기인 4권까지의 누적 판매 부수는 90만 부에 그쳐서 초기 판매량에 비해서는 저조한 수준을 보였다. 『만화 혐한류』의 진원지는 2ch 의 주 이용자 층에서 극우 성향을 가진 10~30대의 젊은 남성이 주류로 알려져 있다. 박수옥, 「일본의 혐한류와 미디어 내셔널리즘: 2ch와 일본 4대 일간지를 중심으로」, 125, 128쪽. 한일 양국간에 국가적 마찰을 일으킬 만큼 영향력을 발휘했는지에 관해서는 논란의 여지가 있다.

6 김효진, 「기호(嗜好)로서의 혐한(嫌韓)과 혐중(嫌中): 일본 넷우익과 내셔널리즘」, 『일본학연구』 33, 2011, 276~283쪽.

채널은 보수화한 일본의 젊은 세대들의 강력한 배외 의식 —특히 한국과 중국을 향한— 을 표현한 단체이다.[7]

오구라 기조에 의하면, '일반적인 혐한'과 '증오 표현Hate Speech'은 구별되어야 한다. 즉 다수의 '혐한'파에 극히 소수의 '증오 표현'파가 부분 집합으로 포함되어 있는 것을 인정하되, 온건한 '혐한'파는 '증오 표현'파에 전혀 동조하지 않는다. 흥미로운 사실은 오구라 기조는 양측은 '상호 배타적' 관계에 있다고 규정한다.[8]

증오 표현을 하는 재특회在特會는 『재일특권을 허락지 않는 시민모임』이며 2006년에 결성되었고, 2014년까지 사쿠라이 마코토가 회장직을 맡았다. 재특회는 노골적으로 마치 한국을 규탄하는 확신범에 가까운 단체이다. 이에 비해 대다수의 코리아 포비아Korea phobia는 사적 공간에서 "조용하고 애매하게, 조바심을 내며" 한국에 관한 혐오감을 표출한다. 주지할 만한 사실은, 재특회의 증오 표현은 일본 법정에 의해 유죄판결 및 배상 지불 명령을 받았고, 이들의 활동을 지지하는 일본인은 극소수에 불과하다.[9]

---

7 노병호, 「일본의 민족주의와 한국, 중국과의 갈등」, 동북아역사재단 한일역사문제연구소 편, 『탈냉전기 동아시아의 민족주의 갈등과 해결』, 동북아역사재단, 2018, 86쪽. 2채널은 두 개의 2채널, 2ch.net, 2ch.sc로 나뉘어지고, 전자는 2017년에 5ch.net(5채널)로 변경된다.

8 '재특회'의 이론적 지도자는 사쿠라이 마코토로 알려져 있고, 『뉴욕 타임스』 등의 해외 언론에서 '외국인 배척을 주장하는 새로운 부류의 일본 우파 지도자'로 인식되고 있다. 그들의 목표는 일본 국내에 거주하는 재일 한국·조선인이 특별영주자격이나 다양한 경제적 편의라는 특권(재일특권)을 부당하게 받고 있다고 비난하고, 그 철폐를 내세우며 데모, 집회 등의 활동을 전개하고 있다. 야스다 고이치(安田浩一), 김현욱 역, 『거리로 나온 넷우익』, 후마니타스, 2013, 25쪽. 나아가 재일 한국·조선인 이외의 외국인 정책을 비롯하여 역사인식 문제, 일본 핵무장 등 각종 현안에 관하여 보수적, 우파적 슬로건을 내걸며, '반일'을 내세우는 개인, 단체 등을 겨냥해 항의 집회를 전개하고 있다. 송민수, 「한·일 넷우익 사이트와 혐한·반일 의식: 니찬네루·재특회와 디시인사이드·일베저장소를 중심으로」, 『영상문화콘텐츠연구』10, 2016, 128~133쪽.

9 오구라 기조(小倉紀藏), 한정선 역, 『일본의 혐한파는 무엇을 주장하는가』, 9~10쪽.

일본에서는 1990년대 후반부터 인터넷상에 반한 감정을 표출해 왔으며 2005년에 미디어에서 '넷 우익'이라는 명칭이 온라인 공간에서 사회적으로 확산하기 시작하였다. 이런 사례에 관한 5월 8일 『산케이 신문』에서 구체적으로 언급되었다. 넷 우익은 기존 우익과 달리 배외주의를 내세우며 온라인뿐만 아니라 오프라인 모임을 통해 혐한 시위를 일으키는 단체의 성격을 띠었다. 넷 우익이 활동하는 사이버 공간은 주로 2채널, 니코니코, 오픈재패니스 게시판, SNS 등이다. 넷 우익은 부단히 한국을 비판하는 정보를 게시하거나 외국인 차별에 관한 콘텐츠를 게시하였다. 넷 우익의 배외주의의 언설과는 별도로 실제 넷 우익의 규모를 파악하기는 쉽지 않다. 그 이유는 그 규모가 소수지만 복수의 개별 계정을 통해 활동하거나, 주로 전자 메일을 이용하여 활동하기 때문이다. 앞에서 언급했던 재특회는 2020년 현재 약 1만 7천 명 회원으로 구성된 일본 최대 규모의 우익단체이었다. 이와 관련된 사쿠라이 마코코는 일본제일당을 중심으로 정치활동도 주도하며 한일 관계에 영향을 미칠 가능성이 있다.[10] 야스다 고이치安田 浩一는 그의 저서 『거리로 나온 넷우익: 그들은 어떻게 행동하는 보수가 되었는가』 서문에서 일본 넷 우익의 행위를 소개하고 있다.

참가자들이 든 플래카드에는 "다케시마를 돌려 달라!" 외에도 "조선인, 목을 매라, 농약 마셔라, 뛰어내려라", "좋은 조선인도 나쁜 조선인도, 죽여라!" 등의 메시지가 보였다. 한국 음식점이나 한류 관련 상품을 파는 가게들이 즐비한 도쿄의 신오쿠보에서 2013년 들어 매주 벌어지는 '혐한 시위'의 광경이다 (중략) 영토 문제, 위안부 문제에 대한 보수파의 위기감, 북한의 미사일 발사에 대한 분노, 재일 코리안의 특권(순전히 그들의 망상에 불과하지만)에 대한 불만 (중략) 그럴듯한

---

10 석주희, 「한류와 '혐오': 청년세대(MZ세대)의 역설」, 『EAI 워킹 페이퍼 한일관계 세대분석-사회문화』, 2020, 13쪽.

말들을 주워섬기지만, 실은 나 자신도 '정답'이 무엇인지는 모른다.
아무리 취재해도, 납득할 만한 이야기를 발견하지는 못했다.[11]

명칭상 우익이 들어가 있는 '넷 우익'이 과연 진정한 우익인가에 관해,
고이치 등은 넷 우익은 사상적으로 우익이거나, 보수도 아니며 그저 편의
상 우익이라 자칭하고 겉으로만 우익에 불과하다고 비판한다.

고작 그들이 한다는 소리는 '뭔가가 싫다', '뭔가가 불만이다', '마음
에 안 드는 놈들은 꺼져라!'라는 천박한 말들뿐입니다.[12]

한일 인터넷 민족주의는 미국 백악관 홈페이지 온라인 청원란 '위 더 피
플We the People'을 무대로 대립하는 일도 잦아지고 있었다. 2012년 3월 13일
게재된 "일본해日本海라는 표현을 바꾸어서는 안 된다"라는 청원에 반응하
여 넷 우익은 서명 운동을 벌였다. 이에 버지니아 한인회에서는 "일본해
표기를 '동해'로 바꾸자"는 청원으로 맞서 한국 인터넷 사용자들이 서명 운
동을 조직적으로 지원하였다. 같은 해 6월 21일 게재된 "미 하원 결의안
121호를 중단하라"는 청원에 대해 단시간 내에 일본 넷 우익이 주도한 결
과 3만 명의 서명이 가능한 적이 있다.[13]

---

11 야스다 고이치(安田浩一), 김현욱 역, 『거리로 나온 넷우익』, 6~7쪽.
12 야스다 고이치·야마모토 이치로·나카가와 준이치로, 최석완·임명수 역, 『일본 넷우
    익의 모순』, 어문학사, 2015, 81쪽.
13 이원경, 「일본 인터넷 민족주의의 전개와 한국에 대한 함의」, 147~148쪽. 흥미롭게
    도 2020년 7월 5일에 치러진 일본 도쿄도지사 선거에서 혐한 시위를 주도해 온 극우
    인사 사쿠라이 마코토 후보가 17만 8,784표(2.9% 득표율)를 얻어 5위를 차지한 적이
    있다. 이것은 2006년 선거 때 보다 6만 4,000여 표가 더 나온 것으로 일본 사회의 우
    경화가 우려된다는 시각이 언론에 보도되기도 하였다. 일본 내에서 '넷 우익'에 관
    해서 일본의 리버럴 좌파 언론 —아사히 등— 을 비롯하여, 시민운동 및 좌파세력들
    이 다시 온라인과 오프라인에 넷 우익의 견제 세력으로 등장하게 되었다. 온라인상
    에 반(反) 넷 우익 사이트를 개설해 넷 우익의 행태와 주장을 분석하고 그 오류들을
    지적하고 반대하는 반혐한 운동도 전개되고 있다. 이원경, 「일본 인터넷 민족주의의
    전개와 한국에 대한 함의」, 152~153쪽 참조.

일본 언론에서 혐한 용어가 사용된 결정적 시기는 김학순 할머니의 일본 군'위안부' 증언 이후인 1992년부터이다. 1990~1999년 기간에 일본 언론에서 '혐한' 용어 표현과 관련하여 일본 5대 신문사별 현황은 전체 336건 중 모두 181건에 이르고 있다. 그중에서 일본 극우세력들의 상당한 지지를 받는 『산케이 신문』이 63건으로 35%, 그리고 『마이니치 신문』이 39건으로 22%, 『닛케이 신문』이 28건으로 15%, 마지막으로 『아사히 신문』이 23건으로 13%를 나타내고 있다.[14]

의외의 시각에서, 오구라 기조小倉紀藏는 혐한이 고조되는 배경에는 일본인의 '패배의식' 혹은 '일본의 열화劣化, 열등화'가 내재하고 있다고 강조한다. 일본인 의식 속에 총체적인 자신감 상실과 국가적 고립, 소위 "잃어버린 20년"의 기조가 깔려 있다는 의미이다. 이 열화의식은 특히 일본인의 잠재의식 속에 일본이 글로벌리즘을 따라가지 못하고 있다는 인식을 반영한다. 이에 비해, 중국인과 한국인은 세계 수준에서 여세를 몰아 글로벌화의 선두에 있다는 것이다.[15]

김효진에 의하면, 최근의 혐한은 식민지 역사의 기원을 둔 뿌리 깊은 일본인의 한국혐오와는 그 성격이 다르다. 1990년대와 비교하여, 2000년대의 혐한, 나아가 2010년대의 혐한의 성격은 일본 사회의 변화뿐만 아니라 한일 관계의 변화에 근거하여 그 내용과 맥락이 상당히 변화해 왔다는 사실이 주목할 만하다.[16]

---

14 노윤선, 「1990~1999년 일본 일간지의 혐한 담론 표상 방식」, 『일본근대학 연구』 72, 2021, 150~151쪽.
15 오구라 기조(小倉紀藏), 한정선 역, 『일본의 혐한파는 무엇을 주장하는가』, 29~31쪽. 2010년에 GDP 규모에서 중국에 추월당하게 되었고, 전자기기 산업에서 한국 기업에 추월당했다는 사실을 목격하면서, 일본인들은 돌연 과거의 영광에 매달리기 시작한다고 오구라 기조는 지적한다 (31쪽).
16 김효진, 「기호(嗜好)로서의 혐한(嫌韓)과 혐중(嫌中): 일본 넷우익과 내셔널리즘」, 300~301쪽.

오구라 기조는, 한국인의 태도 중에서 몇 가지 점이 혐한의 새로운 국면 전환을 가져오는 계기가 되었다고 본다. 한 예로 한국인은 (일본에 대해) 피해자임을 강조하면서 자신의 이익을 최대화한다. 다른 예는, 일본인을 항상 적대시하고, 비교 경쟁의 대상으로 삼으려는 점은 (일본인에게) 매우 충격적인 것이라고 지적한 바가 있다.

> 한국인은 자국이 피해자임을 항상 강조하고, 그것으로 자국의 이익을 최대화하려고 하는 것 같다 (중략) '자국이 피해자임을 강조해서 자신들이 유리한 입장을 구축하는 데 이용한다'는 것은 한국인 또는 한국 미디어가 의식적으로 하는 행위라기보다는 오히려 **무의식적으로** 하는 행위에 속하는 것일지 모른다 (중략) 한국인은 별로 의식하지 못할지도 모르겠지만, 한국의 신문 보도는 참으로 다양한 사항을 '일본과의 대비' 구도에서 접근한다. 예를 들면 중고등학생의 체력 검사 결과를 다룬 기사에서 "일본 중고등학생의 수치는 이렇다 (중략) 우리나라가 여기서는 앞서고, 여기서는 뒤처진다"라고 비교한다 (중략) 이것은 보통의 일본인에게는 큰 충격이었다 (중략) **일본이 다른 나라에서 이렇게 항상 비교의 대상이 된다는 사실을 처음 접하고는 순수하게 놀란** 것이다.[17]

한 마디로 혐한은 일본 국내의 경제 사회적 침체, 중국의 급부상과 일본의 상대적 힘의 쇠퇴 등 2000년대 후반부터 형성되는 동아시아의 세력 전이에 대한 반응과도 연계된다. 더욱이 1990년대 이후 일본의 경기침체와 사회적 양극화에 의한 다수의 워킹푸어(근로빈곤층)가 발생하고, 이들이 배외주의 운동을 주도하고 있기 때문으로 볼 수 있다.[18]

---

17 오구라 기조(小倉紀藏), 한정선 역, 『일본의 혐한파는 무엇을 주장하는가』, 54~55쪽.
18 혐한의 다른 요소 한가지는 2002년 고이즈미 정권 때 방북을 통해 김정은 위원장을 만난 후 돌아오는 길에 일본인 다섯 명의 납치 피해자를 데리고 온 사실이다. 이런 분위기가 한국 때리기, 혹은 북한 때리기 등의 형태로 혐한을 조성하는 한 요인이 되었다.

강기철은 일본의 야마자키 노무山崎望의 '기묘한 내셔널리즘' 개념을 인용하여 특이한 일본식 혐한 현상을 설명하려고 한다.[19]

국민국가인 일본 사회와 다수인 일본인의 권리가 사회적 불안과 불황으로 흔들리는 상황이 되자 비난을 해소하기 위해 가상의 적을 만들어 냈다. 선명한 대립 선을 만들기 위해 한국, 북한, 재일동포를 명확한 적으로 소환했다고 설명한다. 기묘한 내셔널리즘이 2000년대 이후 일본 사회에 팽배해져 '혐한 현상'으로 이어졌다고 보는 시선이다.[20]

이런 상황에 의외로 '혐한'에 관한 일본 일반 국민들 혹은 정부의 반응은 특히 헤이트 스피치에 관해 굉장한 반감을 보이고 있다. 일본 정부는 헤이트 스피치에 관해 조례 혹은 가이드라인을 통해 규제하려고 노력해 왔다. 예를 들어 오사카시市는 헤이트 스피치 대처에 관한 조례를 제정하였다. 오사카시는 재일 한국인이 가장 많은 지역으로 증오 표현을 동반한 시위가 도쿄에 이어 두 번째로 많은 지역이다. 이 조례는 사회적 문제로서의 증오 표현과 관련하여 지역 차원에서 해결하기 위한 최초의 시도로서 그 의의가 크다고 할 수 있다.

일본에서는 공식적으로 과격한 우익단체의 행동에 관해 비판적 입장을 취하고 있다. 2013년 7월 한국 정부의 증오 표현에 대한 대응 요청으로 일본 교토지방법원이 가두선진 금지 등의 사법적 판결(2013년 10월) 등을 배경으로 일본 사회 내 혐오 표현에 대해 법 제도적 움직임을 취하였다.[21]

19 山崎望, 『奇妙なナショナリズムの時代排外主義に抗して』, 岩波書店, 2014, 284~285쪽의 내용을 중심으로 강기철이 설명하는 내용이다. 이런 현상 이전에 히로타니 마미(広谷真実)는 혐한 현상의 기저에 (1)생물학적 인종주의, (2)문화적 인종주의가 공존한다고 지적하고 있다. 「日本における嫌韓言説に見られるレイシズムとその特徴」, 『日語日文學研究』第98輯 (韓國日語日文學會), 2016, 303~327쪽 참조.
20 강기철, 「일본 혐한 현상에 대한 비판적 분석」, 『일본문화학보』85, 2020, 17쪽.
21 박명희, 「일본 내 혐한(嫌韓)현상과 한국의 대응방향」, 『NARS 현안분석』21, 5~8쪽.

2013년 10월 7일, 교토지방재판소는 재특회 측에 약 1,226만 엔의 배상과 가두선전 금지를 명령했다. 그들의 행위가 '인종차별'에 해당한다고 명시하는 판결을 내린 것이다. 『요미우리 신문』 역시 10월 9일 사설에서 민족차별을 선동하는 모멸적인 가두선전은 불법행위에 해당한다는 점을 강조하였다.[22] 같은 날 『산케이 신문』에서도 유사한 쟁점을 겨냥하여, (일상적으로) "듣고 있을 수 없는" 말들을 넷 우익이 표현한다고 비판하였다. 산케이는 (넷 우익이) 비판할 점이 있으면, 보통의 언어(말)로 당당하게 표현하면 될 것을, 일부러 증오를 부추기는 발언을 하는 것은 결코 비판적 의견과는 구별된다는 점을 지적하였다.[23]

혐한과 관련하여 일본 정부의 대표적인 대응은 2016년 6월에는 「헤이트 스피치 대책법」 제정이다. 이 법은 일본 외 출신이라는 이유로 행해지는 부당한 차별적 언동이 해당 출신자 및 그 자손에게 고통을 주고 지역 사회에 심각한 분열을 발생시키는 점을 지적하였다. 일본 정부는 국가적 입장에서 차별을 반대하는 입장을 분명히 표명하였다. 단지 이 법은 '이념법'으로서 금지 규정이 있는 것은 아니다. 나아가 미국 국무부가 발간한 2019년 인권보고서에서도 한국인을 대상으로 한 일본 내 증오 표현 및 증오범죄가 두드러지고 있다는 점을 명기하고 있다.[24] 「헤이트 스피치 대책법」 제정 등으로 일본 사회 자정自淨 작용으로 오프라인에서의 헤이트 스피치 동반 데모는 줄어들었다. 그 결과 인터넷상의 인권 침해 사례는 2017년 현재 1,990건을 보이기도 하였다. 이것은 인터넷 포털 서비스 및 소셜 미디어

---

22 황성빈, 「넷우익과 반한류, 배외주의의 여론: 주요 언론의 담론 분석을 중심으로」, 『일본비평』 10, 2014, 156쪽.
23 황성빈, 「넷우익과 반한류, 배외주의의 여론: 주요 언론의 담론 분석을 중심으로」, 157쪽. 예를 들면, "조선인을 보건소에서 처분해라", "일본에서 두들겨 패서 내쫓아라" 등의 말을 산케이 신문이 거론하고 있다.
24 국회입법조사처, 「일본 내 혐한 현황과 우리의 대응과제」, 『의회 외교동향과 분석』, 2020.

를 통한 뉴스 획득이 큰 폭으로 증가했기 때문이다. 이에 따라 인터넷상의 헤이트 스피치를 저지하려는 일본 내 자정 능력도 증대하고 있다. 한 예로 24시간 이내 헤이트 댓글 삭제를 요구하는 시스템의 설정과 헤이트를 방조하는 인터넷 기업에 관해 벌금을 부과하는 장치를 마련할 것을 일본 정부에 요구하였다.[25]

대중문화와 관련하여 한일 관계의 대중문화를 살펴보면, 젊은 세대는 기성세대와 달리 역사나 정치에 별다른 영향을 받지 않는 성향을 보인다. 역사 인식의 차이로는 기성세대는 냉전 질서로 형성된 고착된 인식을 보이지만 젊은 세대는 전쟁 경험의 부재, 역사 인식의 부재, 개인과 사회의 분리, 및 정치적 무관심 등을 나타내고 있다. EAI 조사에 따르면, 한국인은 일본에 대해 정부와 민간을 나누어 인식하는 정향을 보인다. 정치엘리트에 관해서는 적대적 감정을 가지나 일반 시민에 관해서는 부정적인 판단을 유보하고 있다. 이처럼 한국의 경우 일본에 대해 정부와 민간을 나눠어 인식하는 '정부와 민간의 디커플링decoupling' 현상을 보이고 있다.[26]

흥미롭게도 일본 내의 혐한류의 한 부류는 일본의 '한류' 팬에 대한 일본인 자체의 혐오감에서 비롯되었다는 시각이 있다. 오구라 기조는 한류 스타를 열광적으로 따르는 중장년층 일본 여성에 대한 (일본인의) 멸시적 태도를 그 예로 들고 있다. 2003년 〈겨울연가〉의 붐이 일어났을 무렵, 한국 남자 배우 —배용준 혹은 이병헌— 를 좋아하는 일본 여성 팬을 바라보는 일본 사회의 시선은 그렇게 나쁜 편은 아니었다. 중장년층 여성이 특정 배우나 가수의 팬이 되어 '따라다니는 것'은 이전부터 있어 왔던 일본의 전통이었다. 한국의 드라마의 경우는 또 다른 매력을 보여 주는 콘텐츠이지만,

25 박명희·최은봉, 「일본사회 혐한의 확산−자정의 담론구조와 한일관계의 부침」, 『일본연구논총』 50, 2019, 15~19쪽.
26 석주희, 「한류와 '혐오': 청년세대(MZ세대)의 역설」, 2쪽.

일부 일본인 중에는 포스트모던적인 세계관에 매력을 느끼지 못하는 부류도 있게 마련이었다. 이런 이유로 이들 중에는 '한류' 드라마를 대표하는 콘텐츠 자체에 관해 경멸시하고 질적으로 낮은 것으로 폄하하는 부류들이 있었다. 한마디로 일본 혐한파의 시각에서 '한류' 팬은 질이 낮고 진부한 작품에 열광하는 소위 반지성적인 사람으로 비치게 된 것이다.[27]

2012년 제2차 아베 정권의 출범 이후 일본에서는 역사, 문화 및 전통을 강조하는 보수주의 세력의 활동이 활발해졌다. 가령 극우 성향의『산케이 신문産経新聞』은 2014년 4월을 기화로 한국, 중국 및 아사히 신문을 '적敵'으로 규정하여 '역사전歷史戰'이라고 명명된 연재를 시작하였다. 이것은 2010년대 이후 미국에서 '위안부비碑'와 동상이 만들어지기 시작한 것이 계기가 되었다. 미국 거주 일부 일본계가 중심이 되어 시작된 것인데, 이 반대운동은 일본 내 보수파를 비롯하여 외무성과 대사관 및 영사관의 지원이 있었던 것으로 추정되었다.[28]

이외에도 우익 성향의『산케이 신문』은 20세기 초에 제작된 러시아 지도에 독도가 일본령으로 기재되어 있다고 주장하였다. 이를 바탕으로 산케이는 한국이 독도를 불법적으로 점령하고 있다고 보도하였다. 산케이는 2021년 5월 23일에 "다케시마竹島를 일본령으로 기재한 20세기 초 러시아 제작 일본 지도를 니혼日本 대학에서 발견했다"고 밝혔다.[29]

일본의 혐한 현상은 그 성격이 변화되어 점차 일본 사회에서 하나의 문화현상으로 정착되는 조짐을 보인다. 그리고 이런 현상은 인터넷 뉴미디

---

27 오구라 기조 (小倉紀藏), 한정선 역,『일본의 혐한파는 무엇을 주장하는가』, 61~63쪽.
28 조진구,「일본의 한류와 혐한」, 김은기 외,『한류와 역류: 문화외교의 가능성과 한계』, 한국학중앙연구원 출판부, 2020, 88쪽.
29 김호준,「산케이 "옛 러시아 지도에 독도=일본령...韓 불법 점거" 또 억지」,『연합뉴스』, 2021년 5월 23일, https://www.yna.co.kr/view/AKR20210523029700073 (검색일: 2022. 10. 3).

어의 영향을 입은 바도 크다. 기존의 거대 신문사와 방송국이 소통상으로 일방성과 폐쇄성이 강한 반면에, 인터넷과 SNS는 독자와의 양방향 소통을 기본으로 익명성의 이점 때문에 사용자들의 소통 콘텐츠는 거침없이 표현된다.

〈표 5-1〉 인터넷 민족주의 갈등: 한-일 사례

〈문제의 언술〉 # 강한 나라가 약한 나라를 지배하는 것은 훌륭하다. (일본의) 조선 식민 지배가 무엇이 나쁜가? 너희들의 조상이 병합을 부탁한 것이다 (일본 누리꾼)		
댓글 1	"그럼 니들이 **미국의 식민지**가 되든가"	한국 누리꾼
댓글 2	"미국 〉 일본 〉〉〉〉〉〉〉〉 **미개한** 조선"	일본 누리꾼
댓글 3	"이게 일본인의 수준이다. **자기 나라에 먹칠** 그만 해라"	한국 누리꾼

*출처: 동아일보(2009. 9. 25)

〈표 5-1〉에서 보듯이, 2009년 9월 25일 『동아일보』의 "한·중·일 누리꾼 넷net셔널리즘 '막말 삼국지'"라는 제하題下에 인터넷 민족주의의 원색적 한 단면이 목격된다. 이것은 한국과 일본 인터넷 누리꾼의 교류 목적으로 만들어진 '네이버 인조이 재팬'의 게시판에 올라온 글의 일부이다. 실시간 자동번역 기능을 갖춘 이 게시판에서 양국 누리꾼이 서로 막가는 비방전을 펼치면서 설전을 벌였던 한 사례이다. 여기에 "쪽바리", "짱꼴라"와 같은 막말을 포함하여, 일본 사이트 '니찬네루(2ch)'의 동아시아 게시판은 종일 만두 파동이나 티베트 사태 등과 관련해 중국을 폄훼하고 있다. '베이징에서 폭동이 일어나 다 같이 죽어라'라는 말도 눈에 띈다.

이처럼 인종주의를 포함하여 '차별적인' 발언과 공세적인 표현이 가능하게 되었다. 동시에 한일 관계의 악화와 혐한 현상은 상관관계가 있음을 부인할 수 없다. 한일 관계의 악화는 일본인의 한국에 관한 친밀감을 상당히 하락시키게 하였다. 이러한 급락의 시기에 맞물려서 혐한 서적의 최대의 붐이 일본 국내에서 병행하여 일어나게 된 것이다.[30]

〈표 5-2〉 일본인의 한국에 관한 친밀감

연령대(출생연도)	구분	2008년(%)	2018년(%)
전체	-	57.1%	39.4%
20대(1979-1988년)	MZ 세대	61.2%	55.9%
30대(1969-1978년)	단카이주니어	63.2%	51.0%
40대(1959-1968년)	신인류세대	63.5%	42.3%
50대(1949-1958년)	단카이세대	58.6%	42.7%
60대(1939-1948년)	실버세대	52.9%	31.3%

*출처: 일본 내각부, 「외교에 관한 여론 조사」 (2008, 2018)[31]

구체적으로 〈표 5-2〉의 일본 내각부의 「외교에 관한 여론조사」에 따르면 2008년~2018년간 일본인의 전 세대에서 한국에 관한 친밀도의 비율이 하락하고 있는 것에 주목해야 할 것이다. 세대별로 볼 때 단지 20~30대 (1979~1988년 출생)에서 한국에 관한 친밀감이 55.9%로 가장 높게 나오는 데 비해, 60~70대(1949~1958년 출생)에서는 31.3%로 가장 낮게 나타나고 있다. 전체적으로는 지난 10년간 57.%로부터 39.4%로 급락하고 있다.

한일 간의 넷 우익의 갈등 상황에도 불구하고, 한일 간의 엘리트 ―정치권 등― 의 온라인 갈등은 대체로 잘 노출되지 않는 게 상례이었다. 하지만 2018년 일본 강제징용 한국대법원 판결 이후 점차 양국 간의 엘리트 간에 상대방을 겨냥한 노골적인 비방의 언술들이 등장하기 시작하였다. 2019년 일본의 대對한국 수출규제 조치로 한일 양국의 갈등이 고조되는 상

---

30 강기철, 「일본 혐한 현상에 대한 비판적 분석」, 24~25쪽.
31 석주희, 「한류와 '혐오': 청년세대(MZ세대)의 역설」, 15쪽에서 재인용.

황에서 조국 민정수석의 7월 13일 페이스북Facebook의 글이 논란이 되었다. 그는 노래와 함께 "SBS 드라마 '녹두꽃' 마지막 회를 보는데, 한참 잊고 있던 이 노래(죽창가)가 배경음악으로 나왔다"라는 글을 올렸다.[32] 죽창가 중 "다시 한번 이 고을은 반란이 되자 하네, 반란이 청송녹죽 가슴에 꽂히는 죽창이 되자 하네"라는 가사를 담고 있다.[33]

위의 논란을 포함하여 한일 엘리트 간의 논쟁의 예를 몇 가지 들기 위해 2019년 7월 18일 네이버 뉴스에 대한 빅터 뉴스 워드미터 집계 결과는 한일 관계에 관한 SNS의 상황을 잘 말해주고 있다. 노무현 정부 당시 '한일회담 문서공개 후속대책 관련 민관공동위원회' 공동위원장을 맡았던 양삼승 법무법인 화우 고문이 2018년 강제징용배상판결과 관련하여 "일본 기업의 재산 압류로 가서는 곤란하다"고 보아, 일본 정부와의 외교적 해결을 강조하였다.

〈표 5-3〉 한일 정치엘리트에 대한 한국 온라인 미디어 반응

언론사	섹션	기사제목	감성반응	좋아요	화나요	좋아요
중앙일보	정치	죽창가 발언, 하수 중의 하수…지금은 日에 양보해야 이긴다	11,076개	5,060개	5,970개	45.7%
노컷뉴스	사회	'선넘은' 日방송, "문재인 탄핵만이 해법"	6,546개	2,780개	3,731개	42.5%
경향신문	정치	문 대통령 지지율, 다시 50%로…"단호한 일본 대응 영향"	6,434개	1,474개	4,945개	22.9%
중앙일보	경제	불화수소 국산화 책임놓고, 최태원 반박에 박영선 재반박	5,667개	174개	5,459개	3.1%

*출처: 『빅터뉴스』, 2019년 7월 19일[34]

---

32 '녹두꽃'은 1894년 동학농민혁명 당시 일본에 맞선 의병과 민초들의 이야기를 다룬 드라마이다.
33 「조국 수석, 동학농민혁명 '죽창가' SNS에 올려」, 『한겨레』, 2019년 7월 14일, https://www.hani.co.kr/arti/politics/bluehouse/901719.html (검색일 2023. 4. 13).
34 「"여권 인사들 '죽창가'·'의병' 운운은 최하수" 주장, 화나요·좋아요 모두 1위」, 『빅

〈표 5-3〉에서 보듯이, 일본 후지 TV의 한 논설위원이 "무너지고 있는 현 한일 관계를 구하는 방법은 문재인(대통령) 탄핵밖에 없다"라는 발언은 6,500개의 반응을 얻었다. 또 문 대통령의 국정지지율이 반일여론 확산에 힘입어 다시 50%대를 회복했다는 기사에 6,400여 개의 표정이 달렸다. 일본의 수출규제 품목 중 하나인 불화수소 국산화와 관련하여, SK 최태원 회장이 현재 국산 불화수소의 품질이 일본산보다 못하다는 취지의 발언을 했다. 이에 대해 박영선 중소벤처기업부 장관이 진작부터 대기업이 중소기업을 밀어줬어야 한다는 기사에 대해 5,600개의 반응이 표시되었다. 한일 간의 온라인 민족주의는 정서상 매우 민감한 이슈에 관한 정치 엘리트들의 발언에 대해, 격렬한 반일적 정서를 '보이지 않는' 현상이 목격된다.

한마디로, 중국에서는 엘리트-네티즌 간에 '포퓰리즘적 제휴'에 의해 강한 일체감을 갖는 '이념'으로서의 민족주의를 드러내고 있다. 이에 비해 한일 간은 엘리트-네티즌(대중) 간에 제휴가 상대적으로 약하여 '현상'으로서의 민족주의의 성격을 보이고 있다.

현실적으로 한일 간의 외교 관계의 지난 궤적을 살펴볼 때, 한일 관계의 극적인 전환은 쉽지 않다. 극우세력의 지지기반 속에서 젊은 세대가 존재하는 한 양국 관계에서 반일감정과 마찬가지로 혐한 정서의 담론이 향후 지속될 것으로 예상된다. 일본 정치에 관해 정치엘리트와 시민사회의 일본 우경화에 관해 괴리감도 지속해서 존재할 것이다. 그럼에도 불구하고 일본의 시민사회가 혐오와 경멸을 표출하는 극단적인 혐한의 서사 혹은 담론을 일본의 주류 감정으로 수용할 가능성은 그렇게 높지 않을 것이다.[35]

터뉴스」, https://www.bigtanews.co.kr/article/view/big201907190001(검색일 2023. 10. 15).
35 한영균, 「일본 내 혐한류의 전개와 현황」, 『일본문화연구』 82, 2022, 362~363쪽.

2) 코로나 시기의 일본 포털 사이트의 혐한과 BTS에 대한 반응

코로나 시기의 한국 관련 보도는 일본 포털에 혐한의 표출을 재개하는 계기가 되었다. 2020년 매일경제의 보도에 따르면 일본 야후 재팬Yahoo Japan, 일본 최대 인터넷 포털사이트은 중국인 입국 금지를 청원하는 한국 국민의 반응을 두고, "한국, 혐중 패닉! 60만 명이 중국인 입국 금지 청원…그래도 중국에 아첨하는 문 대통령"이라는 제목으로 비난하였다. 한국 국민의 반응을 '과잉'이라고 지적하고 "한국스럽게, 열이 확 끓어오른 상태"라고 표현하였다. 이 기사에 대해 1,000개 정도의 댓글이 달렸는데 가장 추천 수가 많은 댓글은 다음과 같다.

"놀랍지 않다. 한국 사회는 질 떨어진다. **이웃인 건 큰 불행**"

"코로나에 감염된 중국인은 일본에 안 왔으면 좋겠지만 **한국인은 그냥 안 왔으면 좋겠다!**"

2019년 일본 내각부가 매년 내놓은 일본 국민들의 친밀도 조사에서 한국인에게 친밀감을 느끼지 못한다는 일본인 반응은 71.5%로 역대 조사 중 가장 높았다. 한일 관계가 좋지 않다고 답한 반응이 한해 전보다 22.2%가 상승하여 87.8%를 나타내었고, 양호하다는 응답은 지난해 30.4%에서 22.9%가 하락한 7.5%에 불과하였다.[36]

2021년 6월 4일의 한겨레 신문은 '혐한' 발언을 한 일본의 DHC의 기사를 게재하였다. 일본 화장품 대기업 DHC디에이치씨의 요시다 요시아키吉田嘉明 회장이 재일 동포를 폄하하는 글을 올려 논란이 되었던 것이다. 5월 12일

---

36 신윤재, 「"한국, 신종 코로나로 혐중 패틱", 日 포털 잠식한 '혐한'」, 『매경』, 2020년 2월 8일, https://www.mk.co.kr/premium/special-report/view/2020/02/27712/ (검색일: 2022. 10. 5).

디에이치씨는 "NHK엔에이치케이, 아사히 신문, 국회의원, 변호사, 재판관 등 일본의 중추를 담당하는 사람들이 대부분 코리안계가 차지하고 있어 일본이 위험하다"라는 글을 올렸다.[37] 이에 대해 일본 최대 유통업체 이온 イオン株式会社이 DHC에 관해 경고하였다. 『아사히 신문』에 의하면, '이온'이 급기야 DHC가 부적절한 글이 게재된 잘못을 인정하고 해당 발언을 철회한다는 발표문을 이온에 알려온 이후, DHC와 계속 거래를 하기로 한다는 것을 보도하였다.[38]

대중문화라는 속성에서 볼 때 최근의 한류처럼 한국의 대중문화가 아시아 몇 개의 국가에서 거의 동시적인 '상품'으로 유통되는 것은 처음 있는 일이다. 김현미에 의하면, 아시아 지역 내부에서 다양한 대중문화들이 유동하고 교차하는 현상은, 서구의 메이저 음반사나 영화사, 배급사 등이 주축이 된 대중문화의 생산과 유통과는 구별되는 흐름으로 파악한다. 아시아 지역에서 문화생산과 소비의 '동시성'은 국가 차원의 교류가 아니라 국가 및 경계를 넘어 '아시아적 근대가 생산해 온 동시대적인 변화'를 체험하고 해결하려는 잠재된 욕망이라 할 수 있다. 이런 맥락에서 김현미는 한류 현상을 아시아 내에서 발견되는 '욕망의 동시성'으로 보려는 흥미로운 해석을 제시하고 있다.[39]

일본 내 한류 콘텐츠의 수용은 일본의 내셔널리즘, 혐한론, 외국인 혐오의 움직임과 공존해 왔다. 한류가 일본 내에서 생활 속으로 정착한 것처럼, 혐한류의 사고도 함께 정착되는 경향을 보였다. 예를 들어 대형 서점

---

37 DHC는 또한 코리안계는 "뒤통수가 절벽", 한국인은 "화려하고 숨을 내쉬듯 거짓말 하는 성격"이라고 비하 발언을 했다.

38 김소연, 「'혐한 발언' 물의 DHC, 영향력 큰 거래처에만 '선택적 사과'」, 『한겨레』, 2021년 6월 14일, https://www.hani.co.kr/arti/international/japan/998056. html (검색일: 2022. 10. 22).

39 김현미, 「욕망의 동시성」, 『한겨레』, 2001년 10월 30일, http://h21.hani.co.kr/ arti/society/society_general/3740.html (검색일: 2022. 11. 2).

한쪽에는 케이팝K-pop 및 드라마를 다루는 잡지와 책이 진열되어 있는 동시에, 바로 옆에는 혐한류와 헤이트 스피치 등의 서적이 놓여 있다. 이런 모순적 상황 속에서 아이러니하게도 한류는 한국과 일본 내에 동시적으로 수용되는 현상이 목격되고 있다.[40]

한국의 방탄소년단BTS가 2021년, 2022년 2년 연속 '그래미상' 수상 후보에 올랐으나 수상하지는 못하였다. 이런 결과에 대해, 일본 젊은 세대들의 반응은 심각한 한일 관계와는 달리 의외로 다른(긍정적) 양상을 보여 주목할 만하다. 여전히 혐한류의 태도가 잔존함에도 불구하고, 긍정적 혹은 호의적인 반응을 엿볼 수 있다. BTS 그래미 한국 최초 공연을 본 후 일본 야후 재팬에 나온 기사 및 댓글은 의외로 우호적인 서사가 발견된다.[41]

****
그래미에서의 멋진 퍼포먼스, 잘했습니다.
2020년 마음이 지쳐 있을 때 만나 힘을 얻었습니다. **설마 제가 K-pop에 빠질 줄은 몰랐지만, 저를 구해 준 것은 그들이었습니다.**
앞으로도 기대하고 있겠습니다.
코로나로 유일한 마음의 오아시스입니다.

****
BTS를 알기 전까지는 왠지 모르게 **한국에 안 좋은 생각도 있었지만,** 그들의 열심히 노력하는 모습, 멋진 퍼포먼스, 그리고 **인간성을 알고 솔직하게 감동**했습니다.
좋은 시간 내줘서 고마워요.

---

40 오현석, 「일본의 한류 현상 이해하기: 셀레브리티 현상을 통한 내셔널리즘의 구축」; 오현석 외, 『세계 속의 한류: 국적과 영역을 초월한 융합문화로서의 한류』, 역락, 2022, 77~79쪽.
41 야후재팬, 「BTS 방탄소년단 그래미 한국 최초 공연을 본 후기」, 2021년 3월 16일, https://myform.tistory.com/280 (검색일: 2022. 10. 22).

****

초등학교 3학년 아들이 빠져서 정신을 차려보니 저도 빠졌어요.
매일 통근하면서 BTS를 듣고 트럭을 타면서 BTS를 듣고 활기차게
의욕을 얻고 있어요!
노미네이트된 것만으로도 대단하네요!
개인적으로 꾹이를 좋아하지만 좀 더 우리 모두의 예쁜 노랫소리 들
려주세요.

****

저는 나이 많은 아줌마인데 우연히 1년 정도 전에 유튜브에서 그들
의 퍼포먼스를 보고 말은 못 했지만 끌렸죠.
저도 처음에는 퍼포먼스를 보지 않고 남자가 왜 화장하냐고 생각했지
만, 이제는 그 화장조차 표현의 하나로 생각되어 버릴 정도였습니다.
팬들을 중요시하는 말투 등 젊은 사람들의 태도에 감탄하게 되었습니다.
티셔츠[42]에 대해서도 뉴스가 되어 있었기 때문에, 솔직히 처음에는
인상이 좋은 것은 아니었어요. 그렇지만 왜 인기가 있는지, 흥미 위주
로 본 퍼포먼스는 **아이돌이라기보다는 아티스트, 레벨이 달랐습니다.**
취향은 있으시겠지만, Dynamite 이외의 곡도 들어보셨으면 하는 마
음에 간절히 글을 올렸습니다. 긴 글이라 죄송합니다.

이번 야후 재팬에 올라온 내용 중에는 대부분은 우호적인 댓글들이었으
나, 긍정적 언술과는 달리 비판적 소수의 의견도 있었다.[43]

****

수상한 일본인들이 있는 밴드의 기사는 왜 안 쓰는 거야?
어둠이 너무 짙어

(※일본인이 드럼을 맡고 있는 미국 밴드 Snarky Puppy가 이번 2021년 그래미상 수상함.
하지만 일본 언론은 BTS 소식만 기사와 TV로 엄청 많이 보도함)

---

42 2018년 11월경 BTS의 한명이 일본 공연을 앞두고 광복 티셔츠를 입었다는 이유
로 출연이 취소된 사건을 말한다. 티셔츠에 애국심(patriotism), 우리역사(our
history), 해방(liberation), 코리아(Korea)라고 적힌 티가 원폭 조롱이라는 일본의
반응도 있었다.
43 야후재팬, 「BTS 방탄소년단 그래미 한국 최초 공연을 본 후기」.

****

일본에서 퍼포먼스를 했다면 모를까, **왜 아사히 신문이 일일이 한국의 사건을 기사화**하는 것입니까?

이어 2022년 6월에 BTS 활동 중단에 관해서도 야후 재팬에 가장 많은 댓글이 달리는 기사로 화제를 모았다. 몇 긍정적인 글 이외에 활동 중단에 관해서는 아쉬운 혹은 비판적 태도의 댓글이 눈에 띈다.

****

아침 와이드 쇼의 톱이었다.

****

쇼크다...진 군대 가겠지?

****

이 정도로 세계에서 활약하는 사람들도 병역 면제받지 못하는 거야? 한류 스타들도 다 군대 갔다 왔어?

****

수고하셨습니다. **일본에서는 더 이상 활동하지 마십시오.**
(라면서 지민 원폭 티셔츠 사진을)

****

TV에서 이 그룹을 소개할 때 '**세계적인 대인기**'라고 말하지 않으면 **안 되는** 규정이라도 있는 거야?

****

우연히 아침에 TV에서 봤는데, 웬 아줌마가 "쇼크로 아무것도 손에 잡히지 않는다"라고 말하는 걸 보고 **웃음이 나왔어** ㅋㅋ

앞서 언급되었던 '욕망의 동시성'의 해석은 동아시아 내에서 외형적으로 한·중·일 3국에 광범위하게 적용될 소지가 크다. 주지해야 할 것은, 한류에 대한 일본과 중국의 반응은 상당히 다른 성격을 보이고 있다. 한류에 관해 일본은 시민사회의 자발적 반응이 주를 이루고 있다. 반면에 중국의 경우는 국가(정부)의 제도적 기능의 효과가 작용하는 동시에, 정부와 시민사회가 묵시적 연대를 이루고 있어 오히려 부정적 태도의 강도가 높다는 특이성을 보인다.

유사한 맥락에서 한국인의 세대 간에 일본에 대한 혐오에 대한 기존 통념에 변화를 보이기 시작하였다. 2021년 6월 한국일보는 "한국인, 일日 가장 혐오' 통념 깨진다 … 2030세대 "중中이 더 싫다"라는 제하에 이런 변화를 다루고 있다. 일제강점기를 거치며 한국 현대사에서 일본은 한국인이 가장 큰 반감이 있는 나라였다. 하지만 젊은 세대로 갈수록 중국을 꺼리는 '반중反中정서'가 '반일감정'을 압도하는 것으로 나타나는 기현상이 나타나기 시작하였다. 한국의 젊은 세대는 주변국에 관한 호감도의 쟁점에서 역사문제 등 전통적 안보 인식에 비해 미세먼지, 감염병 등 당면한 삶의 위협을 더 중시하는 '2030세대'의 가치관이라는 특이성을 보이고 있다.

한국일보·한국 리서치 여론조사(2021년 5월 25~27일)에 따르면, 중국을 향한 반감에 대해 '매우 부정적'이란 응답을 기준으로, 40, 50, 60대 이상에서 48.9%, 37%, 32.9%인데 반해, 20, 30대에선 각각 68.6%, 61.8%로 나타나 청년층 10명 중 6명꼴로 중국에 대한 거부감을 표시하였다.[44]

---

44 조영빈, 「한국인, 日가장 혐오' 통념 깨진다 … 2030세대 "중이 더 싫다"」, 「한국일보」, 2021년 6월 14일, https://www.hankookilbo.com/News/Read/A202106 1311510002670 (검색일: 2022. 10. 30). 젊은층의 대중 인식 변화는 코로나 바이러스 사태가 주요 변곡점이 되었다고 본다. 중장년층은 안보 위협을 '군사적' 분야에 주목하지만, 젊은 세대는 미세먼지 혹은 전염병과 같은 "비전통적 안보" 이슈에 더욱 민감하다.

2. 한중 인터넷 민족주의 : 갈등의 유형과 성격

1) 중국 사이버민족주의와 반한류

온라인 공간의 중국 민족주의에 관한 이해를 위해 몇 가지 사전적事前的 배경 요인을 살펴야 할 것이다. 인터넷이라는 새로운 미디어 매체가 등장하면서, 한국과 중국 간에 이전에 오프라인에서 발견할 수 없었던 감정적, 그리고 극단적인 배타적 민족주의가 표출되고 있다. 양국 간에 상대방 국가를 비하하거나 자국 우월주의를 내세우는 인터넷 민족주의가 급속히 확산하는 성향이 나타난다. 인터넷상에서 혐한嫌韓과 반한정서로 분출되거나, 나아가 감정적 혐한을 넘어선 정치적 어조가 서린 강한 반한 정서가 나타나고 있다.

첫째로, 한중 간 사이버 민족주의의 태동과 표출 방식에 있어 특이한 점은 중국의 경우에는 주요 구성원이 대중이 다수를 점하고 있지만, 결정적인 선택을 할 때의 주요 행위자는 (국가)엘리트들이라는 점이다. 엘리트 그룹들이 오피니언 리더를 담당하면서 네티즌들과 구호를 외치며 행동을 실현하는 특이한 과정을 보이고 있다.[45] 유의해야 할 점은, 쟁점화되는 반한류의 의제가 일본의 경우에는 주로 시민사회의 영역에서 이루어지는 경우가 허다한 데 비해, 중국의 경우 '국가와 네티즌(시민사회)의 암묵적 타협'에 의해 형성되는 반한류의 속성을 띠게 된다. 중국의 사이버 공간은 사회세력(시민사회) 공간 의 성격을 띨 가능성이 내재되어 있다. 하지만 이 공간은 중국의 권위주의 정부에 의해 '국가공간'화 될 여지를 탈피하기 어렵다. 이런 이유로 정부의 암묵적인 묵인 혹은 지원으로 온라인상에서

---

45 왕호, 「중국 사이버 민족주의의 태동과 변화: 수동적 반응에서 능동적 공세로의 전환」, 한양대학교 석사학위논문, 2017, 42~43쪽. Xu Wu는 중국 사이버 내셔널리즘의 비(非)정부적인 측면 및 풀뿌리적인 측면을 더 강조하려고 한다. 그의 *Chinese Cyber Nationalism: evolution, characteristics, and implications* 참조.

형성되는 사이버 민족주의는 특이한 성격으로 표출될 수밖에 없다.[46]

이러한 중국적 특색은 중국 권위주의 체제로부터 비롯되는 것이다. 곧 중국은 가장 엄격한 검열제도를 행사하며, 인터넷에 관한 엄격한 통제를 가하고 있기 때문이다. 당과 정부는 인터넷 사이트에 접근하는 것에 제재를 가하거나, 콘텐츠 자체를 여과한다. 예를 들어 중국 정부는 인터넷 콘텐츠 내용의 규정을 어긴 자들, 온라인 민주주의 운동 단체나 인권 운동가들을 체포하고 있다.[47] 중국의 인터넷 공간은 시민사회의 활성화를 허용하되 그것은 비정치적 영역에 국한된 것이다. 정치적 개혁의 논의는 금지되어 있고, 온라인 공간의 정보교환은 비정치적 성격일 때만 가능하다.[48]

최근에 김치논쟁을 불러일으켰던 『환구시보环球时报』의 경우, 표면적으로는 정부 기관지는 아니라 할지라도, 중국공산당 대변인의 역할을 하는 매체의 기능을 담당한다. 이것은 미디어 담화의 생산을 통해 이데올로기 전파를 꾀하고 있다.[49] 이런 배경 때문에 중국의 온라인 공간은 빈번히 여타의 국가와 비교할 때 '범汎 정치화'되는 성향을 보인다. 이로 인해 본질적으로 정치와 무관할 수 있는 과학, 경제, 교육, 예술, 체육 등의 영역에까지 정치적 쟁점과 연관 짓게 된다.[50]

둘째로, 중국의 인터넷 공간은 사회주의 사상을 포함하여, 애국주의 교육의 플랫폼으로 활용되고 있다. 이러한 과정은 빈번히 중국의 민족주의로 비화飛化하여 반한류의 분위기로 연결되고 있다. 이러한 성향은 한국의 역

46 윤경우, 「중국 사이버민족주의의 성격과 특징」, 『중국학논총』 34, 2011, 346~348쪽.
47 Jongpil Chung, "Comparing Online Activities in China and South Korea", *Asian Survey*, 47(5), 2008, pp. 731~732.
48 이민자, 「중국 온라인 공간의 주도권 쟁탈전: 국가-사회의 경쟁」, 『한국과 국제정치』 20(4), 2004, 204~208쪽.
49 최태훈, 「환구시보가 촉발한 김치논쟁 비판적 담화분석: 기획된 문화전쟁 양상을 중심으로」, 『비교문화연구』 26, 2021, 394~395쪽.
50 손영풍·김익기, 「중국 사회의 범(泛)정치화 현상과 '한한령'」, 『문화콘텐츠연구』 10, 2017, 40~42, 51쪽.

사와 문화를 왜곡시키거나 부정하게 되어 양국 간 갈등을 일으키고 있다. 대표적 사례로 2004년의 동북공정을 들 수 있다. 그 이후 백두산공정, 아리랑공정 등 중화민족주의의 색채가 강한 정책들이 펼쳐졌다. 이러한 애국주의 사상 고취의 영향으로 중국의 사이버 민족주의는 국가 주도로부터 자발적인 포퓰리스트적 민족주의 속성이 강화되는 '공세적인' 중화민족주의로 변모하게 되었다.[51]

이러한 흐름은 최근에 더욱 강도 높은 성격을 띠어, 시진핑 사상을 포함한 중국공산당의 사상이나 정책을 학습시키는 것으로 '학습강국(學習强國, http://www.xuexi.cn/)'과 연관되었다. 신세대 애국주의 운동으로 일환으로 2018년 2월 28일 제19차 3중전회가 끝난 뒤 중국공산당은 관영매체를 통해 '애국주의'를 더욱 강조하기 시작하였다.[52]

셋째로, 한류와 연관시켜 볼 때 중국의 민족주의는 소위 자국의 '문화안보'의 맥락에서 바라볼 수밖에 없는 특이한 속성을 드러내고 있다. 중국의 문화 안보란 타국 문화산업에 대한 '방어'와 중국 문화산업의 대외적 '확산'이라는 두 가지 측면을 의미한다. 이러한 문화 안보의 인식은 다른 측면에서 중국에서 빈번히 제기되는 문화 원조의 논쟁과 연계되어 진다. 중국은 한류의 형성 초기부터 한류를 공격적인 문화산업으로 인지하고, 앞의 두 가지 측면을 모두 고려하면서 한류의 수용을 선택한 것이다. 대만, 한국과 달리 중국의 경우는 1999년 11월 19일 처음으로 한류라는 용어를 사용하게 되었다. 그 심층적 배경은 바로 '한국문화의 영향력'에 관한

---

51 공봉진, 「중국 '신시대(新時代) 애국주의'에 관한 연구: '신시대 애국주의교육'을 중심으로」, 124쪽; Rongbin Han, *Contesting Cyberspace in China: Online Expression and Authoritarian Resilience*, New York: Columbia University Press, 2018, pp. 718~719.
52 공봉진, 「중국 '신시대(新時代) 애국주의'에 관한 연구」, 124~125쪽.

'견제'의 필요성을 암시하는 것이다.[53] 이것이 정책적으로 나타나려면 중국 정치체제의 특성상 특히 사회주의 국가의 성격으로 인해, 실질적 규제를 통해 한류에 영향력을 미치려는 성격이 강도 높게 나타나게 마련이다.

중국은 바로 한류라는 용어가 처음 생겨난 발원지라 할 수 있다. 중국에서 '반한류' 또는 '항한류'로 나타나게 된 것은 일본의 '혐한류'와 상대적으로 그 성격을 달리하고 있다. 일본의 '혐한류'의 용어는 '정서적 차원'의 노골적 반감에 국한된 의미로 사용되었다. 반면에 중국의 '반한류', '항한류'는 단순히 한류에 대한 반감과 저항의 맥락을 넘어서서 중국 정부 차원의 '제도적 제약'을 지칭한다.[54] 물론 한국은 국가가 한류의 경쟁력 강화를 위해 국가 예산의 투자를 통해 한류를 지원하여 문화기업의 부의 축적에 적극 관여한 것은 사실이다.[55] 하지만 주지해야 할 사실은, 케이팝K-pop을 비롯한 한류의 성공은 결코 국가정책의 의도된 결과의 산물은 아니라는 점이다. 한류는 김정수가 설파했듯이, 본질적으로 '기획되지 않은' 성공success without design이었다. 정부의 기획물이거나 정부 주도로 사전에 설계된 것이라기보다는 그냥 일어난 '엄청난 사건'이자, 예상을 넘어서는 '우연의 소산'이었다.[56]

중국의 혐한류는 일본의 그것과 질적 차이를 보이고 있다. 중국은 한류

---

53 이지한, 「한류를 바라보는 두 개의 시선: 한국의 문화산업과 중국의 문화안보」, 『중국어와문학』 65, 2018, 363, 365~367쪽.

54 중국의 한류에 대한 제도적 규제는 일본의 정서적 반감에 비해 그 영향(impact)이 훨씬 지속적이고, 이데올로기적 성격까지 띨 수 있다. 한 예로 2006년 중국국가광전총국(國家廣電總局)과 관영 CCTV가 한국 드라마의 수입과 방송에 대해 규제를 한 바가 있다.

55 김두진·조진구, 「중국 반한류의 성격과 정치경제적 파장」, 김은기 외, 『한류와 역류: 문화외교의 가능성과 한계』, 한국학중앙연구원 출판부, 2020, 113~114쪽. 한국 정부가 문화산업을 통해 한류의 경제가치, 한류에 의한 국가 이미지 위상의 제고, 문화 역량 신장을 위한 '문화외교'를 목표로 한류 관련 정책들을 활성화시켜 온 사실은 인정되나, 본질적으로 중국의 그것과는 차별성이 있다.

56 김정수 외, 「탈바꿈의 문화행정」, 한국국제문화교류진흥원 편, 『한류에서 교류로』, KOFICE, 2020, 73~75쪽.

를 단순히 한국의 대중문화로서가 아니라, 한국의 문화·경제(상품)·사회(생활방식) 등을 포괄하여 반영하는 광범위한 현상으로 규정하였다. 또한 한국 문화의 일방적 유입이 무의식중에 한국적 가치관과 정체성의 유입으로 연계되어 궁극적으로 중국 '문화의 정체성 위기'를 이어진다고 인식하였다. 이런 점이 일본의 혐한류 성격과 근본적으로 다르다.

중국은 초기 한류가 신세대풍의 대중음악과 현대적 소재를 바탕으로 구성된 트렌디 드라마로 간주하여 가볍게 생각하였다. 한류가 현대적이고 서구적 문화의 한국적 '변용'에 불과한 것으로 과소평가한 것이다. 반면에 〈대장금〉이 한국의 전통문화 유입의 계기로 판단하여, 한류가 중국 자신의 고유문화를 '약탈'한다고 인식하게 되었다. 이제 중국은 '문화 경계짓기'의 대상target으로서의 한류를 간주하게 되었다. 이에 따라 반한류를 촉발하는 주요 주체로서 중화민족주의가 등장하게 되었다. 바꿔 말하면 중국의 가졌던 문화적 위기감은 전혀 의도하지 않았던 한류에서 나타났다. 미국 문화에 가졌던 중국의 위기의식이 한류로 전이된 것이다.[57]

다른 한편으로, 중국의 한류 수용의 최종 목적은 한류를 발판으로 중국 문화산업을 발전시켜 세계 진출이라는 국가 목표를 구축하려는 의도와 연관되어 있다. 중국 정부 문화산업의 산업화 전략이 미국문화를 타깃으로 2000년대를 전후하여 촉발하였고, 한류가 강력한 동인을 제공하였다. 초기에는 중국의 관점에서 한류란 것은 자신들이 모델로 삼을 수 있는 '시범적' 사례의 성격으로 수용하게 되었다. 한류는 중국의 "의도적 수요 창출"이 낳은 결과였다. 중국의 의도는 본래 한국의 문화상품의 아이디어를 향상시켜서 결국 한국의 문화 ─드라마 등─ 를 극복하고 세계적 문화를 구축하려는 중국의 '기획된' 복선이 깔려 있었다.[58] 중국의 한류 수용은 급기야

---

57 박정수, 「세계화와 민족주의의 문화갈등: 한중(韓中)간 한류와 반한류의 사례분석」, 『중소연구』 37(1), 2013, 294~296쪽.
58 박정수, 「세계화와 민족주의의 문화갈등: 한중(韓中)간 한류와 반한류의 사례분석」, 299쪽.

2005년 〈대장금〉 흥행을 계기로 중국에 의한 '항한류抗韓流'로 전개되기 시작하였다.

> 중국 정부의 한류 수용의 최종 목적은 한류를 발판으로 삼아 중국 문화 산업을 발전시켜 세계로 진출시키고자 하는 것이다. 즉 중국 정부로서는 서구와 일본 대중문화의 세례를 겪고 '서구적 형식'과 '유가적 내용'을 통해 이를 극복해 낸 **한국의 대중문화가 퇴폐적인 서구문화에 대한 백신으로** 작용할 것으로 판단하였고, **이러한 면역을 통해 중국 문화산업이 발전할 수 있다는 자신감을 가졌기 때문에 한국 문화를 수용한 것**이다. 중국 정부의 이러한 자신감은 (중략) '머지않아 중국 드라마가 한국 드라마의 인기를 따라잡을 것'이라는 내용의 기사를 통해 확인할 수 있다. (중략) 그리고 한류가 정점에 도달했다고 판단되는 2005년 〈대장금〉의 흥행을 전후로 하여 이른바 '항한류'를 전개하였다.[59]

2) 온라인상 한중 민족주의의 갈등: 문화·역사 전쟁, 한국의 사드 배치 등

민족주의가 양면성을 드러내듯이, 사이버 민족주의도 긍정적, 부정적 양 측면의 성격을 띠고 있다. 사이버 민족주의는 민족 자존심과 민족 단결에 강한 긍정적 기능을 하는 것은 틀림이 없다. 반면에, 사이버 공간에서 나타난 많은 비이성·돌발성 등의 혼재로 편협되고 배타적인 민족주의의 양상도 아울러 드러내게 된다.

중국의 혐한 정서는 개인적 차원과 국가적 차원으로 나뉘어 볼 수 있다. '개인'적 차원의 혐한은 한중 간의 분야별 협력이 활성화될 경우에, 향후 사안별로 중국에 유리하게 전개될 때 혐한 감정은 한국에 대한 호감으로 바뀔 가능성이 있다. 이에 비해 '국가적' 차원에서 '중국의 자민족중심주의'가

---

59 이지한, 「한류를 바라보는 두 개의 시선: 한국의 문화산업과 중국의 문화안보」, 370쪽.

주도를 하게 될 때 혐한 정서는 더욱 강하게 표출되는 경향을 보일 것이다.

불가피하게 중국의 사이버 민족주의는 양날 검의 성격을 띨 수밖에 없다. 소위 사이버상의 주요 중국적 담론은 '자유주의 담론liberation discourse'과 '통제적 담론control discourse'의 이중적 성격을 드러내게 된다. 앞서 언급한 것처럼 인터넷 민족주의의 활성화는 국내 이슈에 관한 중국공산당의 지배 체제에 대한 도전이 될 수도 있다. 중국인들의 사이버상의 자유는 중앙 정부 혹은 하부 기관들의 인터넷 통제에 사실상 종속되어 있다. 예를 들어 2009년의 위구르 무슬림 소요에 관해서 신장 지역의 전체 인터넷을 정지시킨 적이 있다. 2010년 전반기에는 구글에 대해 중국 웹사이트의 검열 의무를 강요하여 불가피하게 구글이 그것을 수용할 수밖에 없는 결과로 이어졌다. 이런 통제 속에서도 중국은 미국 혹은 일본에 대해서 강도 높게, 국가 혹은 공산당을 통한 정보 및 미디어 통제를 시행하고 있다. 그럼에도 중국은 인터넷상의 자유는 중앙 통제의 범위를 벗어나지 않는 한 어느 정도의 자유를 허락할 수밖에 없는 것도 현실이다.[60]

한중 관계의 인터넷 민족주의를 논할 때 유념해야 할 부분은 사이버 민족주의가 정책결정자들을 하나의 정치세력으로 결집하게 하는 주요 요인으로 작용한다는 점이다. 나아가 온라인 공간의 적극적 민족주의자들을 적극적 정치참여자(행위자)로 동원 가능케 하고 있다. 곧 민족주의란 바로 현대 이데올로기 —진보적이든, 민주주의 등의 형태로— 에서 비롯되는 운동의 성격을 띨 수밖에 없다.[61] 이런 사전적 이해를 바탕으로 한중 간의 사회문화적 영역에 있어 인터넷 민족주의의 양상을 살펴보고자 한다.

---

60 Rodney Wai-Chai Chu and Chung-tai Chang, "Cultural convulsions: Examining the Chineseness of cyber China", in David Kurt Herold and Peter Marolt (eds) *Online Society in China: Creating, celebrating, and instrumentalising the online renewal*, London and New York: Routledge, 2011.

61 Miao Feng, "Chinese Cyber-nationalism: The 2012 Diaoyu Island Dispute on Sina Weibo", pp. 30~31.

1990년대 후반부터 확산하기 시작한 중국 온라인 민족주의의 저항 담론은 그 대상이 시기적으로 미국과 일본이 먼저이었다. 그 후 점차 한중 양국 간의 갈등은 동북공정의 역사 갈등을 시발점으로 본격화되기 시작하였다.[62]

한국의 시각에서 볼 때, 혐한을 겨냥한 중국의 공세는 중국에 의해 조장되는 '기억의 오용abuse of memory' 혹은 '과거(역사)의 과잉'으로 비칠 수밖에 없다. 양국 간의 기억에 관한 것이든 역사 쟁점이든, 먼저 '경계짓기bordering'의 쟁점이 인터넷 공간의 주요 갈등 요인으로 작용하여 왔다. 중국공산당은 온라인 공간을 통해 대중들이 표출하려는 민족 감정이나 분노 및 사회적 긴장을 해소하는 하나의 방편으로 삼아 왔다.[63]

한중수교 30여 년 동안에 문화 갈등은 한중 양국 문화의 정체성과 오랜 문화교류 역사에 근거한 역사적·구조적 성격에 기인한다. 이런 이유로 향후 한중 문화 갈등의 해결 방안을 모색하는 것은 쉽지 않은 난제로 여겨진다. 더구나 한중 간의 문화기원 혹은 문화귀속을 둘러싼 갈등은 단순히 과거 역사와 연계된 사안을 뛰어넘어 '글로벌 문화표준'의 쟁점과 연결될 수밖에 없다. 중국은 중화의 부흥과 중국몽 실현을 위해 문화 부흥의 목표가 매우 소중한 관심사이다. 한국이 한류 문화를 세계적으로 확산하고자 국가적 과제로 간주하는 상황에서, 글로벌 문화표준을 겨냥해 양국 간에 문화 귀속권 갈등은 불가피한 현상이다. 한중 문화 갈등은 어느 국가가 지역(동아시아) 문화의 주도권을 쥘 것인가라는 치열한 경쟁 양상으로 비치고 있다.[64]

---

62 한중일 인터넷에 '쪽바리'(한국인이 일본인을 폄훼하는 말), '가오리방쯔'(중국인이 한국인을 폄훼하는 말), '짱꼴라'(일본인이나 한국인이 중국인을 폄훼하는 말) 등 오프라인에서는 함부로 발설할 수 없는 비속어가 난무하기도 하였다. 『동아일보』, 2008년 3월 22일.

63 Yiben Ma, "Online Chinese nationalism: a competiting discourse? A discourse analysis of Chinese media texts relating to the Beijing Olympic torch delay in Paris", pp. 319~320.

64 이욱연, 「한중수교 30년 문화갈등: 양상과 전개과정, 극복과제」, 『국제지역연구』 31(2), 2022, 188~189쪽.

〈표 5-4〉 한중수교 30년 문화 역사 갈등의 쟁점

일시	갈등쟁점	논쟁의 내용 및 진행
2002년	동북공정	– 중국 국책사업으로 동북공정 시작, 고구려사 중국사 편입(5년 계획); – 한국정부 고구려연구재단설립(2004년 3월)
2005년	강릉단오제 유네스코 등재신청	– 유네스코 무형문화재 등재에 중국의 반발
2004년	'고구려' 관련 북한과 중국 유네스코 세계문화유산 등재	– 북한의 '고구려 고분군'과 중국의 '고구려 수도와 고분군' 동시에 세계문화유산등재
2005년	강릉단오제 유네스코 등재신청	– 등재 신청에 중국 반발
2006년	동의보감 유네스코 등재신청	– 등재 신청에 중국 반발
2007년	드라마〈주몽〉홍콩 방영	– 중국 네티즌 반발 확산
2010년	한글 자판 표준화	– 중국 한글 자판 표준화 등재 신청
2011년	아리랑 유네스코 등재	– 중국은 아리랑을 조선족 문화로 등재신청 – 2012년 12월 유네스코 무형문화유산 등재확정
2014년	온돌 유네스코 등재	– 중국『인민일보』는 중국의 동종 유산의 등재 신청에 영향을 주지 않을 것이라고 보도
2015년	타이완 출신 가수 트와이스 소속 '쯔위' 대만국기 흔들다	– 쯔위가 방송중 중화민국(타이완) 국기 듦 – 중국 화웨이 광고모델 계약 취소 – 트와이스 중국 내 활동 전면 취소 선언
2016년	한한령의 실제	– 사드 이후 한류 컨텐츠 비롯한 각종 한류 문화를 금지 – 한국기업 영업활동 제약 등
2020년	이효리 '마오' 어때요 발언	– 중국의 마오쩌둥을 모욕했다고 비난, 해당 방송국 해당 영상 삭제 – 중국 샤오펀훙(小粉紅)이 SNS 주도
2020년	BTS 수상소감 발언	– 벤플리트상 수상 소감에서 "(한미) 두 나라 함께 겪었던 고난의 역사"라는 한국전쟁 70주년 언급, 이에 중국 반발
2020년	김치 종주국 논쟁	– 중국 쓰촨지역 파오차이가 2020년 11월 국제 표준화기구(ISO)의 표준인증 후, 환구시보가 '김치종주국인 한국의 굴욕'이라는 기사로 논란 – 중국 유튜버 리쯔치가 김치를 자국음식으로 소개하는 영상에 한국 유튜버들의 반론 제기
2021년	드라마 조선 구마사	– 청와대 국민청원에 조선구마사 역사왜곡에 관해 방영 중단 청원 – 중국자본 투입에 관한 의혹 제기
2022년	베이징동계올림픽 개막식 '한복' 논란	– 조선족 대표가 한국기원의 한복착용에 대해 중국 문화로 오인하게 만드는 '문화'공정이라고 반발

*출처: 동북아역사재단 및 저자

한중 간 주요 갈등의 주류적 문화 갈등의 유형을 1) 역사 및 전통문화 기원, 2) 영토 문제 등의 범주로 나누어 순차적으로 살펴볼 것이다.[65] 〈표 5-4〉에서 보듯이, '역사 및 전통문화' 논쟁과 관련하여, 우선 '고구려' 역사와 관련된 동북공정을 들지 않을 수 없다. 2003년 중국의 정부 차원에서 진행된 동북공정에 대해 고구려 역사는 민족 정체성과 관련되었기 때문에, 한국의 역사 주권 차원에서 첨예한 대립 양상을 보였다. 동북공정이 한중 간 주요 현안으로 부각된 것은 2001년 북한이 고구려 고분군의 유네스코 세계문화유산 등록을 신청한 것이 촉발 요인이 되었다. 이 사안에 대해 중국은 대응책으로 2003년 4월 유네스코에 고구려 고분군을 세계문화유산으로 등재 신청하는 것으로 맞섰다. 한국의 학계와 언론은 중국이 단독으로 신청한 고구려 고분군의 세계문화유산 등록은 자칫 고구려의 역사가 중국 역사인 것처럼 오해될 소지가 있다고 비판하였다. 나아가 동북공정의 정치적 의도를 지적하였다. 한국의 단오에 관해 중국에서 유래되었다는 뚜렷한 근거가 없으며, 단오라는 한자가 전해지기 전에 한반도에 이미 수릿날이라는 고유의 명절이 있었다고 반박하였다.[66]

중국의 네티즌들은 단오절의 원조는 중국이며, 한국이 중국의 전통문화를 빼앗아 갔다고 대응하였다. 동시에 중국언론들은 일제히 한국의 문화 약탈이라고 격분하였다. 동북공정에 관해 중국 네티즌들은 문화종주권 논

---

65 이정훈, 「1990년대 중국의 민족주의 확산과 단행본 출판: NO라고 말할 수 있는 중국과 앵그리 차이나의 사례를 중심으로」, 115쪽. 소중국의 주요 온라인 공간으로는 소후(搜孤網 www.sohu.com), 왕이(網易網,www.163.com), 시나(新浪網,www.sina.com.cn), 텅쉰(騰訊網, www.QQ.com)이며, 4개 포털 사이트는 모두 룬탄(論壇)을 운영하고 있다. 소후는 부동산, 지도 등 온라인 사용자들과의 연계 사업에 강점이 있고, 왕이는 이메일 이용자가 많은 편이며, 시나는 중국 대륙 외에 홍콩, 미국 등 전 세계적 중화권 사용자들을 주를 이루고 있는데, 텅쉰은 젊은 세대의 메신저(messenger) 이용 빈도가 높다.

66 홍정륜, 「강릉 단오제의 세계무형유산 등재 관련 한중 갈등의 발전적 전환과 응용」, 『현대중국연구』 23(3), 2021, 218~219쪽.

쟁의 일환으로 한국이 역사를 왜곡하고 있다고 주장하였다. 2005년 강릉 단오제가 UNESCO 세계무형유산으로 등재되자 이에 반발을 보였다. 나아가 전통문화 귀속 논쟁은 점차 김치, 한의학, 아리랑 등으로 확대되었다. 한국 네티즌들은 중국을 한국 역사와 문화의 강탈자로, 중국 네티즌들은 한국이 자국 문화유산을 강탈한 것으로 서로 반박하였다.[67]

대중민족주의 입장에서 한중 간 네티즌의 격렬한 감정대립을 야기시켰던 동북공정의 쟁점의 함의는 무엇인가? 한국의 정부 연구기관인 통일연구원의 『중국의 동북공정과 우리의 대응책』에서는 동북공정을 중국의 정치적 의도와 관련된 것으로 해석하였다. 즉 중국이 고구려사를 중국사에 편입시켜 한반도 영역까지 중국의 역사적 연고권을 부여하려는 배경을 향후 한반도 유사시에 중국의 개입을 정당화하려는 의도로 판단하고 있다. 한마디로 동북공정은 기본적으로 정치문제를 학술화하여 정치·경제·대외 전략의 정책적 근거를 마련하려는 시도로 비치고 있다. 동북공정은 기본적으로 중국의 입장에서 국내적·대응적·수세적인 성격에서 출발하였으나, 장기적으로는 공세적·패권적 성향을 보일 것으로 예견되어 경계를 요하는 역사적 사안으로 보인다.[68]

동북공정에 관한 반작용으로 2006년에 제작되었던 네 편의 고대 사극 〈연개소문(SBS, 2006년 7월부터 방영)〉, 〈대조영(KBS, 2006년 9월부터 방영)〉, 〈태왕사신기(MBC, 2007년 9월부터 방영)〉이 2007년 초 홍콩 방송사를 통해 중국 남부 지역에 방영된 후, 한국 드라마가 중국 역사를 왜곡한다는 반향까지 나오게 되었다.[69]

---

67 허진·원춘잉·류샤오화, 「중국 네티즌들의 반한 정서와 인터넷 민족주의 텐야논단을 중심으로」, 『지역과 커뮤니케이션』 17(4), 2013, 228~229쪽; 이홍규·하남석, 「중국의 온라인 민족주의와 한국의 대응: 디지털 공공외교 전략 방안을 중심으로」, 211~212쪽.
68 전병곤, 「중국의 동북공정과 우리의 대응책」, 통일연구원, 2004, 14~15쪽.
69 김두진·조진구, 「중국 반한류의 성격과 정치경제적 파장」, 108~110쪽.

〈표 5-5〉 동북공정 및 고구려 관련 게시글 조회수

	2003년	2004년	2005년	2006년	2007년	2008년	2009년	2010년
고구려	21,221	54,623	31,324	38,470	74,589	32,478	83,199	27,004
동북공정	0	13,246	0	17,931	56,320	16,575	0	2,658
합계	21,221	67,869	31,324	56,401	130,909	49,053	83,199	29,662

*출처: Se Joon Park (2011)[70]

〈표 5-5〉에 의하면, 이 무렵 중국 톈야(www.tianya.cn)에서 '동북공정'과 '고구려'로 검색되는 게시글의 조회수를 살펴보면, 동북공정의 대응 성격으로 한국에서 제작되었던 MBC의 〈주몽〉이 방영될 즈음인 2007년에 정점을 이루고 있다. 이 무렵 중국의 신화넷은 2007년 11월에 한국의 사극 드라마가 역사를 왜곡한다고 주장하였다.

> 〈주몽〉에는 고대 중국이 조선의 속국이었다는 내용이 나오고, 〈연개소문〉에는 당 태종을 추하고 어리석은 침략자로 묘사하면서 (중략) 땅에 엎드려 목숨을 구걸했다는 내용이 나온다. 〈대조영〉에서는 (중략) 이 세 편의 드라마는 현재 광전총국 블랙리스트에 올라 있으며 수입될 가능성은 없다.[71]

둘째, 영토 문제와 관련하여, 한중 간에는 아직 공개적으로 한일의 영토 분쟁처럼 영토분쟁이 진행되는 사안은 없다. 실제로 양국 정부가 공식적으로 영토 문제를 제기한 사례는 없다. 하지만 네티즌들 간에는 역사 문제만큼이나 심각한 갈등을 유발할 수 있는 잠재성이 있는 사안이다. 한국(남한)과 중국은 직접적으로 국경을 맞대고 있지는 않지만, 한일 강제 합병

---

70 Se Joon Park, "A Study on the Upsurge and Influencing Factors of Chinese Cyber Nationalism: Focusing on the relationship between South Korea and China", 162쪽.
71 신화넷, www.sina.com.cn, 2007년 11월 1일.

이후 국경선이 확정되었던 간도間島 및 백두산 영유권의 논쟁이 벌어지게 되었다.

한국의 간도 영유권에 관해, 구한국의 영토를 기준으로 간도 영유권을 주장할 경우, 을사조약乙巳條約에 의해 청과 일본이 체결한 간도 협약間島協約은 인정될 수 없을 것이다.[72] 특히 2007년 중국 창춘長春에서 열린 동계 아시안게임에서 한국 여자 쇼트트랙 선수들이 시상식에서 '백두산은 우리 땅'이라는 피켓 세리머니를 펼쳐서 양국 간 영토 문제가 수면 위로 부상하는 쟁점이 되었다. 이것은 아시안게임 개막식 공연에서 중국이 백두산을 장백산長白山이라는 주제로 주요 테마를 설정한 데 대한 항의의 표출이었다. 이에 대해 중국 정부가 공식적으로 항의하였고, 중국 네티즌들도 거세게 반발하며 각종 패러디 사진을 올리며 대응하였다. 중국 측은 귀국길에 오르는 한국팀 김정길 KOC 위원장에게 공항까지 찾아와 공식 항의와 유감을 표하며 재발 방지를 약속할 것을 요구하였다.[73] 이처럼 동북공정에 이어 '백두산 세리머니' 등의 갈등은 점차 간도 문제로까지 확대된 것이다. 한국 네티즌들은 1909년 '간도협약'이 무효임을 주장하며, 이 지역을 한국 영토로 수복해야 한다는 주장을 제기하였다.[74]

〈표 5-6〉 한중 국민간 상대국 호감도 변화 (평균점수)

	2006년	2008년	2011년
한국인의 중국호감도	56.9	50.4	51.4
중국인의 한국호감도	73.0	64.5	53

* 출처: EAI-ARI 공동 「2011 한중 국민인식조사」 기초분석

---

72 최영만, 「간도문제의 기원과 해결방안」, 『인문사회과학연구』 12(1), 2011, 65~68쪽.
73 『중앙일보』, 「중국 '백두산 세리머니' 공항까지 쫓아와 강력항의」, 2007년 2월 1일, https://news.joins.com/article/2622965#none (검색일: 2021. 2. 11).
74 2004년 9월 한국 국회는 동북공정에 대한 대응 차원에서 '간도 협약 무효 결의안'을 제출하였다. 그 전제는 한국 정부가 동북공정 관련 5개항 구두 합의에서 '간도 문제'를 거론하지 않기로 한다는 것이다.

〈표 5-6〉에서 보듯이, 이 무렵을 기점으로 조사한 한중 국민 간 상대국 호감도에 관한 변화 추이를 살펴보면, 한국인의 중국 호감도는 2006년부터 2011년까지 거의 큰 변화를 보이지 않고 있다. 반면에 중국인의 한국인 호감도가, 2006년도에 비해 불과 5년 뒤 2011년에는 20%나 감소한 것에 주목하지 않을 수 없다. 이것은 인터넷 공간의 한중 갈등과 상당 부분 연계성이 있는 것으로 추정된다.

마지막으로, 한중 네티즌 간의 사회문화 부문의 갈등 양상은 앞서 언급한 '역사' 혹은 '기억'의 쟁점과 연관되어 원인遠因적으로 일어나는 쟁점들이다. 이러한 갈등들은 대부분 한국의 대중문화와 연관되어 있다. 다양하고 복합적인 주요 쟁점 중에서, 한류와 관련된 몇 가지를 살펴보고자 한다.

앞에서 언급했듯이, 한류라는 용어는 1997년 최초로 중국에서 생성된 것이다. 중국에서 한국의 대중문화의 영향력이 커서, 한국 문화를 신봉하는 이들에 대해 하한쭈哈韓族라는 용어를 사용할 정도로 그 영향력이 컸다. 한국의 입장에서는 매우 의외의 일이지만, 중국 네티즌의 시각에서 한국의 한류가 중국에 전달되는 가운데 '문화침략자'로서의 한류로 인식하게 되는 경우도 많았다. 예를 들면, 〈대장금〉 등 한국 인기 드라마의 소재인 '침술' 등은 한중이 공유하는 문화로 인식되어 있다. 그럼에도 불구하고, 2005년 10월 중국 배우 장궈리張國立가 침술이 중국의 발명품인데 마치 한국인의 것처럼 호도한다는 발언을 하게 된 계기로 반한류의 기류가 등장하기 시작하였다.[75]

그러던 중 〈주몽〉, 〈연개소문〉, 〈태왕사신기〉 등 동북공정에 대응하는 한국 측 사극에 대한 중국 네티즌의 반응으로 인해 한류가 역사 왜곡의 논

---

75 Se Joon Park, "A Study on the Upsurge and Influencing Factors of Chinese Cyber Nationalism: Focusing on the relationship between South Korea and China", 204~205쪽.

쟁으로까지 비화하였다. 2006년 3월에 혐한嫌韓이라는 신조어의 등장과 함께, 한류가 '역사'와 '기억'의 논쟁과 연관되면서 급기야 '항한류抗韓流' 현상으로 중국에서 나타나기 시작하였다. 이런 배경하에 2000년대 중반부터 중국 정부가 한류의 지나친 유행을 경계하며, 한국 드라마 및 영화 등의 영향력에 대해 규제를 통해 축소하려는 움직임을 보였다. 중국의 국가광파전시총국国家广播电视总局의 '심의 강화'와 '수입쿼터의 엄격한 관리'를 통해 2006년 8월에는 한국 드라마의 중국 수출 쿼터가 전년 대비 54%까지 축소되었다. 특히 2016년 이후 중국의 반한류는 정치적 이슈인 사드 배치와 관련한 한한령限韓令의 조치라기보다는 단지 한류 콘텐츠를 규제하려는 중국 정부의 명분에 불과한 것으로 보고 있다. 설령 한한령이 외형적으로 해제된다고 하더라도, 이런 요인들로 인해 중국에 진출하려는 한류는 당분간 계속 난관에 부닥칠 가능성이 엿보이고 있다.[76]

중요한 것은 논란이 되었던 사드 문제가 해결된다고 하더라도 한국 대중문화에 대해 중국 당국의 조치 수준은 그 이전의 중국 내 한류의 상태로 복원할 가능성은 그리 크지 않다는 것이다. 2017년 사드 배치를 전후로, 본 이슈는 한중 네티즌 간에 안보 문제와 얽혀서 갈등의 골이 깊어졌다. 이에 혐한류의 기류가 중국 네티즌 사이에 공유되기 시작하면서, 이들 네티즌이 주도하는 롯데마트 및 롯데 제품 불매 운동으로까지 나타나게 되었다.

다음 〈표 5-7〉에서 보면 김영남이 바이두 지수를 기초로 한국에서 처음으로 사드 문제가 거론되었던 2016년 1월 1일부터 2017년 12월 31일까지 2년 동안, 격월간으로 사드, 롯데, 불매운동과 관련된 네티즌의 관심

---

76 김두진·조진구, 「중국 반한류의 성격과 정치경제적 파장」, 100~101쪽; 임대근, 「중국 한류 체증의 돌파구, 어디에 있나」, 한국국제문화교류진흥원 편, 『한류, 다음』, 한국국제문화교류진흥원, 2019, 29~30쪽. 한류를 겨냥한 중국의 이러한 전략을 흔히 '반한류 규제 명분론'이라 한다.

도 변화 추이의 통계를 제시하고 있다. 네티즌의 관심도가 가장 높았던 기간은 2017년 3월 6일부터 12일까지가 롯데 불매운동이 전개되었던 시점이다. 가장 낮은 시기는 2017년 12월 25일부터 31일까지로, 한중 양국 간 협의문이 체결되고 중국 정부와 관영 매체의 급격한 태도 변화로 한중 양국 관계 개선을 위한 노력이 시작된 시기이다.

〈표 5-7〉 인터넷 핵심어에 대한 네티즌 관심도: 반응의 변화

키워드			기간 (2017년 격월간 조사)
사드	롯데	불매 운동	
487,371	585,902	1,635	3월 6일~3월 12일
14,322	5,777	213	5월 1일~5월 7일
4,663	4,211	199	7월 3일~7월 9일
20,941	4,545	197	9월 4일~9월 10일
2,247	4,938	209	11월 6일~11월 12일
1,623	3,125	264	12월 25일~12월 31일

*출처: 김영남(2019: 52)

중국 대중의 비난에 대처하기 위해 중국 정부가 전면에 나서지 않고 언론과 여론, 그리고 인터넷 민족주의의 형태로 롯데 그룹에 대해 경제 보복 행위를 가하였다. 중국 외교부 대변인 겅솽耿爽은 2018년 2월 28일 『환구시보环球时报』와의 인터뷰에서, 사드 배치에 반대하는 중국인들의 의견에 대해 중국 정부가 주목할 필요가 있음을 강조하며 사드 보복 조치를 정당화하고자 하였다.[77]

---

77 김영남, 「중국 외교정책 추진과정에서 인터넷 민족주의의 역할: 한국의 사드 배치 결정을 중심으로」, 38쪽.

3) 최근 한중 간 온라인 논쟁 : BTS 한국전 언급, 김치공정, 스포츠 내셔널리즘 등

2020년 10월 한미 친선 비영리 단체인 코리아 소사이어티Korea Society 가 수여한 '밴 플리트상' 수상에서 BTS의 리더 RM이 "우리는 양국our two nation이 함께 겪은 고난의 역사와 수많은 남성과 여성의 희생을 영원히 기억해야 한다"라는 수상 소감을 밝혔다.

이에 대해 중국 매체들은 예상치 않은 격렬한 반응을 보이기 시작했다. 로이터 통신이 보도한 중국 네티즌 반응의 한 예로 "그들(BTS)은 중국에서 돈을 벌어선 안 된다"라고 웨이보Weibo, 微博에 댓글이 달렸다. 중국 관영『환구시보环球时报』는 "한국 전쟁과 관련해 완전히 일방적인 태도가 중국 네티즌들의 감정을 상하게 하고 역사를 부정했다"고 하여, (RM의 발언은) "미국 청중들에게 잘 보이려고 계획된 것"이라고 반응하였다.[78]

그 후 2021년 1월에 소위 중국의 김치공정工程에 관해 중국공산당 중앙 정법위원회가 "한국의 문화적 자신감 부족으로 비롯하여 생긴 피해망상" 으로 치부하였다. 정법위는 "김치는 중국 5000년의 찬란한 문화 중 구우일모九牛一毛에 불과하다"고 주장하였다.[79]

위에 언급한 한국전 관련 BTS 논란 및 김치공정 관련 반응을 보더라도, 한국의 정부 혹은 고위 관리들의 반응은 대체로 침묵하거나 상당히 소극

---

78 비비씨(BBC) 코리아, 「BTS '한국전쟁' 발언에 격앙하는 '중국 Z 세대'는 누구?」, 2020년 10월 13일, https://www.bbc.com/korean/news-54506944 (검색일: 2021. 2. 10).

79 김은경, 「中 "김치공정, 한국 피해망상…5000년 문화의 털끝에 불과"」, 『조선일보』, 2021년 1월 14일, https://www.chosun.com/international/china/2021/01/14/ CJJAUWFQTVALNCZ3YRTPLQAP74/ (검색일: 2021. 2. 10). 본『조선일보』보도에 의하면, 구독자 1,400만 명을 보유한 중국 유튜버 리즈치는 1월 9일 한국의 전통 김장 방식의 배추로 김치를 담그는 영상을 올리면서 '중국의 음식', '중국의 요리법' 이라고 소개해 논란을 빚었다.

적인 태도를 보인다. 이에 비해, 중국의 경우는 국영 매체가 선봉에 나설 뿐만 아니라, 김치공정의 경우 장쥔張軍 유엔 주재 중국대사의 X옛 Twitter 계정에 갓 담근 김치를 들고 있는 모습의 사진을 올렸다. 동영상에서 중국 외교부 대변인 화춘잉의 표정은 한중 간의 김치논쟁을 "저는 이 상황을 잘 모르겠습니다"라고 말하고 있어, 고의적으로 모른 척한다는 비난까지 받았다.[80]

한국의 서경덕 교수는 2021년 1월 18일(미국 현지 시각) 미국 뉴욕 타임스 미주판과 유럽·아시아판에 '한국의 김치, 모두를 위한 것Korea's Kimchi, It's for Everyone'이라는 큰 문구 아래 "김장 문화는 2013년 유네스코 인류무형문화유산으로 등재되었다"라는 광고를 게재하였다. "역사적으로 수천 년 동안 한국의 대표 음식 문화로 이어져 왔다 … 김치는 한국의 것이지만 이제는 세계인의 음식이 되었다"는 설명을 덧붙였다.[81] 이런 논란과 관련하여 해리스 주한 미 대사가 2020년 12월 10일 자 X에 "'김치종주국'인 한국에서 생활할 수 있어 행복하다"라는 내용이 다시 한번 주목을 받게 되었다.[82]

스포츠 내셔널리즘은 한중 간 민족주의 갈등의 또 다른 양상을 보이고 있다. 예를 들면 2008년은 베이징 하계올림픽을 계기로 중국 사이버 민족주의가 가장 활발하게 형성되었던 한 해이다. 대표적인 예로는 2008년도에 설립된 미국을 타깃으로 한 Anti-CNN 사이트의 등장이다. CNN이 동년 3월

---

80 김은경, 「中 "김치공정, 한국 피해망상…5000년 문화의 털끝에 불과"」; 최태훈, 「환구시보가 촉발한 김치논쟁 비판적 담화분석: 기획된 문화전쟁 양상을 중심으로」, 410~411쪽.

81 『동아일보』, 「中 김치공정' 맞서 NYT 김치광고」, 2021년 1월 20일, https://www.donga.com/news/article/all/20210120/105001133/1 (검색일: 2021. 2. 20). 서 교수는 지면 광고에 이어 향후 인스타그램, 페이스북 등 SNS를 통해 김치 관련 챌린지, 다국어 홍보 영상 등을 배포하겠다는 사견을 밝혔다. 중국의 김치공정이 공직자(현직 대사) 등이 전면에 나서는 것과는 달리, 한국의 대응은 어디까지나 개인적 대응이라는 점에서 한-중간의 온라인 민족주의 표출의 성격의 차이를 유추할 수 있다.

82 뉴스 1 "해리스 미 대사 '한국, 김치 종주국' 트윗…中 겨냥했나", 2020년 12월 10일, https://www.news1.kr/articles/?4146631 (검색일: 2023. 4. 6).

14일 중국 티베트 자치구 대규모 유혈사태에 관해 왜곡 및 허위 보도를 했다는 이유에서 비롯된 것이다. 서구 미디어가 그들의 색안경과 프레임을 통해 미디어 담론과 아젠다의 헤게모니를 구축하여 국제 사회에서 이중잣대로 중국을 불명예스럽게 했다는 주장이다.[83]

이와 관련하여 한국의 중앙일보는 2008년 4월 27일 보도에 "중국은 중화민족주의에 빠지다"라는 제목으로 보도한 바가 있다. 그 내용을 보면 2008년도 4월 20일에는 500여 명의 중국 젊은이가 광저우廣州 시내 프랑스 까르푸 매장 앞에서 프랑스가 '티베트 독립'을 옹호한다는 이유로 "프랑스는 중국에서 물러가라. 까르푸 제품은 단 하나도 사지 말자"는 시위를 벌인 것이다.[84]

2022년 베이징 동계올림픽은 한중 간에 스포츠 내셔널리즘을 야기시키는 계기가 되었다. 쇼트트랙 경기에서 편파 판정 논란이 불거진 이후 SNS에 "한국인으로서 중국에 미안하다"라는 어색한 사과의 글까지 잇따라 올라오기도 하였다.

2월 9일 황대헌이 남자 1,500m 경기에서 금메달을 획득하자, 중국 네티즌들은 또다시 황대헌 선수의 인스타그램Instagram에 "반칙으로 딴 메달", "가짜 금메달" 등의 악성 댓글을 남겼다. 이에 대하여 한국 네티즌들은 '한국인으로서' 글귀를 서두로 "한국인으로서 우리나라와 국대님(국가 대표님) 응원한다", "한국인으로서 중국인들 X옛 Twitter 못하는 걸로 아는데", "한국인으로서 중국이 확실히 잘못됐다고 느낀다" 등의 게시물을 올리며 맞대응하였다.[85]

---

83 Mingsheng Li, "Chinese Nationalism in an Unequal War", *China Media Research*, 5(5), 2009, pp. 67~68. CNN을 비난하면서, 중국말로 Don't be too CNN이라는 중국어 랩송이 유행하였다. 그 함의는 CNN이 거짓말을 일삼고 흑을 백으로 바꾸어 현실을 왜곡한다는 뜻이다.

84 『중앙일보』, 「중국 네티즌 '中華 민족주의'에 빠지다」, 2008년 4월 27일, https://news.joins.com/article/3126005 (검색일: 2021. 2. 10).

85 「"한국인으로서 중국에 죄송"....SNS에 쏟아진 어색한 번역투의 사과글」, 『서

쇼트트랙 남자 1,000m 준결승에서 나온 편파 판정은 BTS 팬덤 아미army와 중국 네티즌의 전쟁으로 번져나갔다. 홍콩의 『사우스차이나모닝포스트scmp』는 9일(한국시간) 논란의 여지가 있는 한국 쇼트트랙 실격을 둘러싸고 케이팝K-pop 그룹 BTS의 팬들과 중국 네티즌들이 싸운다고 보도하였다. BTS RM의 인스타그램 게시물이 중국 온라인에서 분노를 일으키자 "BTS 아미가 방어에 뛰어들었다"고 덧붙였다. 중국 웨이보에서 일부 중국 네티즌들은 '#BTSinsultingChina(#防弹少年团辱华)', 즉 BTS가 중국을 모욕했다는 의미의 해시태그를 달며 분노를 표현하기도 하였다.[86]

한국의 동아시아연구원EAI이 주변국에 대한 호감도 조사를 한 결과가 2021년 5월 중앙일보에 보도되었다. "일본보다 중국이 싫다", "중국과 엮이면 기업 이미지 타격" 제하에 중국에 대한 한국인들의 적대감이 지난 5년간 16.1%에서 40.1%로 수직상승한 것으로 밝혀졌다. 주변 4강 가운데 중국이 가장 부정적인 이미지의 국가로 떠오르게 된 것이다. 반면에 우호감은 50%에서 20.4%로 급락하였다. "일본보다 중국이 더 싫다"는 정서도 수치로 확인되고 있다. 미국 싱크탱크인 시카고 카운슬의 당시 조사에 의하면 한국인의 중국 선호도는 10만 점에서 3.1점으로 일본의 3.2보다 더 뒤처져 있다. 이것은 2017년 사드 보복과 중국이 발원지였던 2020년 코로나 사태에다가 김치파동 등으로 중국에 관한 여론이 나빠진 것으로 파악된다.[87]

울신문」, 2022년 2월 14일, https://www.seoul.co.kr/news/newsView.php?id=20220214500008 (검색일: 2022. 10. 15).

86 박린, 「"中 네티즌·BTS아미 전쟁 번졌다" 외신도 우려한 편파판정」, 『중앙일보』, 2022년 2월 9일, https://www.joongang.co.kr/article/25046715#home (검색일: 2022. 10. 30). 한 웨이보 사용자가 올린 "우리 중국인들은 무조건 조국을 응원해야 하며, 중국은 공정하게 금메달을 땄다"는 글에는 800개가 넘는 '좋아요'가 달렸다.

87 예영준, 「일본 보다 중국이 더 싫다 중국과 엮이면 기업 이미지 타격」, 『중앙일보』, 2021년 5월 19일, https://www.joongang.co.kr/article/24061297#home (검색일: 2022. 10. 30).

〈표 5-8〉에서 보듯이, 2022년 2월 서울신문은 중국 동계 올림픽에서 일어난 사건에 대해, 마치 한국 네티즌이 쓴 댓글처럼 보이도록, '가짜' 사과글 형식의 트윗 혹은 리트윗의 예를 보도하고 있다. 어투가 매우 어색한 번역 투의 표현으로서 한국인들이 일상 잘 쓰지 않는 표현 방식이 뚜렷이 엿보이고 있다. 다분히 비非한국인 ―추측키로는 중국과 연관된 네티즌― 에 의해 작성된 것으로 추정된다. 현재 한국 사회에서 잘 쓰지 않는 용어인 "나의 동포의 방법…"이라든가 "중국 형님들" 등의 표현은 한국인으로서 흔히 사용하는 어투가 아니다. 대부분의 트윗이 한결같이 "한국인으로서"라는 표현을 쓰는 것은 한국어의 어법이나 뉘앙스라는 면에서 매우 어색하고 낯선 트윗이다.

〈표 5-8〉 X(옛 Twitter)에 어색한 번역투의 가짜 사과글

OlympicGames2022#korea#Olympic beijing 중국 팀은 놀랍습니다. **한국인으로서**, 나는 이 행동을 부끄러워한다 !
#Beijing2022 I'm sorry for what happened at the Winter Olympics. As a Korean, I also think we are so annoying that we should apologized to China. I admit China is the best, sorry. 나도 **한국인으로서** 우리가 너무 심했고 중국에 사과해야 한다고 생각한다. 중국이 최고라고 인정합니다 !
사람들이 인터넷에서 이렇게 매도하는 것을 보니 나는 정말 기분이 좋지 않다. 나는 나의 동포의 방법에 대해 깊이 부끄러움을 느꼈다. **한국인으로서** 나는 결코 그들의 방법에 찬성하지 않는다. 너무 창피해요.
다들 싸우지 마세요. 저는 **한국인으로서** 모두 중국인에게 진심으로 사과드립니다. **중국 형님**들 우리 무지한 **동포**들을 용서해 주십시오.

* 출처: 서울신문 (2022. 2. 14).

한중 간의 온라인 민족주의 논쟁의 배경은 바로 1949년 혁명과 중화인민공화국 성립 이후 사회주의 공식 이데올로기의 제약 속에서 갇혔던 민족

주의가 1990년대 들어 표출된 것으로 간주한다. 특히 민족주의는 개혁개방을 계기로 중국이 서구와의 접촉 영역이 확대되는 과정에서 새로운 쟁점으로 부각되었다. 무엇보다 당시 확장세에 있던 미디어(인터넷) 공간상에 민족주의가 대중적 논쟁의 형식으로 촉발되거나 확산하는 추세를 보이게 되었다. 혹자는 동아시아 네티즌들의 민족주의 정서의 표출을 일종의 '민족주의 증후군syndrome'으로 보아, 국가 간 네티즌들 간에 민족주의 정서가 극단화·저급화되는 양상에 대해 우려를 표하고 있다.[88] 이러한 배타적, 적대적, 감성적, 및 독선적인 민족주의 정서 표출은 그동안 예외적이거나 병리적인 현상으로 간주하여 왔다. 동아시아에 있어 이러한 민족적 정서의 분출은 동아시아에서 형성되어 온 감정레짐의 맥락에서 감정 표출이 패턴화된 것으로 볼 수 있다.

다른 한편으로, 한중 간의 온라인 민족주의의 표출은 동아시아 특유의 '감정의 정치'의 속성과 연관되면서 점차 정형화된 결과로 보아야 할 것이다. 기억공간으로서의 동아시아 민족주의 표출은 감정적 차원의 비합리적 일시적 현상으로 간주할 수 없다. 어떤 의미에서는 동아시아 역사의 흐름 가운데 일종의 '감정의 합리성'에 근거하여 평가되어야 할 논제로 재조명될 필요가 있다.

3. 최근 동아시아 사이버 민족주의 : 한 · 중 · 일 갈등의 서사 (narratives)

탈냉전의 1990년대 이후 21세기 초까지 한국 지식사회에서 동아시아 담론이 우세담론의 위상을 누려왔다. 한국발 동아시아 담론은 일국 단위를

---

88 류석진, 「디지털 기억공간에서 민족주의가 발현되는 방식에 대한 연구: 한중일 네티즌의 갈등사례와 정체성을 중심으로」, 93~94쪽.

넘어서 동아시아 공동체를 겨냥한 지적 사유思惟가 된 것이다. 이 담론은 동아시아를 '균질적인' 시공간이라는 것을 전제로 한 인식모델이자 하나의 방법론이었다. 하지만 현실적으로 동아시아라는 개념은 실체가 없이 자귀字句로만 존재하며 '상상된' 지역 범주로서 일종의 신화에 불과한 것처럼 비치기도 한다.

동아시아란 역내의 국가 —한국, 중국, 일본— 들에게 각각의 시각에 따라 다양한 동아시아상像으로 해석되었다. 실제로는 서로 아시아라는 '감성'조차 공유되지 못한 언술로서 점차 그 효력을 잃어가고 있었다. 동아시아 담론의 가치는 동아시아의 경제발전의 성공에 근거한 동아시아의 특수성을 서구의 보편성과 동렬에 놓아보려는 시도로서 의미가 있다. 동아시아 담론은 역내 개별국가를 초월하려는 사유 형성과 이에 따른 실천으로 귀결되기를 기대하는 언술이다. 그렇지만 유럽공동체와 달리 불가피하게도 국민국가 극복의 난제 앞에, '개個 국가 구심求心'으로 회귀하게 되는 궤적으로 고착되고 있는 듯하다.[89]

일본의 혐한嫌韓과 혐중嫌中의 내셔널리즘과 관련하여 니찬네루의 특정한 인터넷 슬랭slang의 용어가 있다. 그것은 바로 '특정아시아特定アジア'이다. 특정아시아(혹은 特亞)는 일본과 같이 동아시아 내의 중화인민공화국, 대한민국, 조선민주주의인민공화국의 3개국을 총칭한 용어로, "아시아 제국 중 반일적인 자세를 취하는 국가"를 말한다. 그러나 중국의 티베트 자치구, 신장 위구르 자치구, 내몽골 자치구는 통상 제외되고 홍콩, 마카오 특별행정구도 포함되지 않는다. 특히 대만은 중국으로부터 독립된

---

89 김두진·허인혜, 「동아시아론의 변용(變容)과 지적 계보의 재조명: 학제 논쟁의 유형과 궤적 분석」, 112~122, 124쪽. 동아시아 지역은 하나의 '상상'지역으로 동아시아 내부의 '피식민'과 '반식민'의 경험, '탈식민'과 '탈중국'의 경험이 서로 엉켜있다. 탈아(脫亞)의 일본에게 있어서는 오히려 동아시아는 '해체'의 대상이기도 하였다. 이에 관해 양니엔췬, 「동아시아란 무엇인가: 근대 이후 한중일의 아시아 想像의 차이와 그 결과」, 『대동문화연구』 50, 2005 참조할 것.

국가로 간주하여 제외된다.[90]

2005년은 한일국교 정상화 40주년을 맞이하는 해였다. 바로 이때 시마네島根현 의회가 1905년 2월 독도를 시마네현에 편입시켰던 것을 기념하여 2월에 '다케시마竹島의 날'로 정하는 조례안을 제정하였다. 이에 다카노 도시유키 주한 일본 대사는 독도가 일본 영토라는 발언을 하면서 양국 간에 갈등이 고조되었다. 나아가 일본 식민 지배와 전쟁을 미화하거나 왜곡하는 내용을 포함하고 있는 후소샤扶桑社 교과서가 일본 문부과학성의 검정을 통과하게 되었다. 이로 인해 한국뿐만 아니라 중국에서도 일본의 역사 인식에 항의하는 시위가 급속히 번져 나갔다.[91]

2005년의 일본의 유엔 상임이사국 진출에 관해 일본의 역사 왜곡과 독도 영유권 문제 등으로 인접국인 중국과 한국의 반대에 부딪히게 되었다.[92] 북한 역시 이미 관영 매체를 통해 여러 차례 일본의 상임이사국 진출을 절대 반대한다는 입장을 표명하였다. 중국의 원자바오 국무원 총리는 일본에 역사를 직시하라고 지적하고 유엔 상임이사국 진출을 재고하라는 경고와 함께 반대 의사를 표명한 바 있다. 특히 중국의 경우는 국가언론인 인민일보와 연계된 '강국논단强國論壇'을 통해 반일감정이 표출되었다. 하지만 중국의 인민일보가 4월 17일 반일감정을 자제할 것을 촉구하는 메시지로 공식적 입장을 내놓았다. '조화사회和諧社会'[93] 건설을 통해 안정을 유지하자

90 김효진, 「기호(嗜好)로서의 혐한(嫌韓)과 혐중(嫌中): 일본 넷우익과 내셔널리즘」, 41쪽.

91 조진구, 「일본의 과거 역사인식과 야스쿠니신사 문제」, 『한국과 국제정치』 21(4), 2005, 186쪽.

92 당시 영국 BBC 월드 서비스가 세계 23개국 2만 3,500명을 상대로 한 여론조사에서 독일(56%), 일본(54%)을 상임이사국으로 지지하고 있었다. 김미영, 「중국 네티즌의 힘 "일 UN안보리 진출 반대」, 『한겨레』, 2005년 3월 25일, https://www.hani. co.kr/arti/politics/politics_general/20805.html (검색일: 2024. 2. 5).

93 후진타오 정부의 정책목표는 크게 두 가지로 집약되는데, 2020년까지 소강사회의 건설과 조화사회의 건설이었다. 농민저항이 급격히 증가하기 시작한 시점에 취임한 후진타오는 조화사회 확립을 위한 목표 아래 민생안정을 위한 노력을 기울여 왔다. 조

는 정부의 입장에 대해 강국논단을 비롯한 네티즌들은 중국 정부의 태도에 찬반의 댓글을 쏟아내기 시작하였다.

한국이 사드 배치 문제와 관련하여 중국과 곤욕을 치렀던 것처럼, 일본역시 지난 2012년 영토 문제로 중국과 대립하면서 중국의 강력한 반일 데모를 경험한 바 있다. 2012년 중국의 각 도시에서 대규모로 발생한 반일데모의 계기는 같은 해 9월 12일 일본 정부가 센카쿠 열도의 국유화를 결정한 일 때문이다. 이를 계기로 중국의 반일감정이 격화되면서 수천만 명의 중국인들이 거리 시위에 나서 일본제품 불매운동을 벌이고 일본상점과자동차를 파괴하는 사태가 발생하였다.[94]

나아가 중국 영유권을 두고 갈등을 빚고 있는 센카쿠 열도尖閣諸島(중국명댜오위다오釣魚島)에 도쿄도 등 일본 지자체 의회 의원들을 포함한 10명이2012년 9월 19일 상륙을 감행하였다. 19일 센카쿠 열도 주변 해역에서 2차대전 당시 죽은 일본인을 위한 위령제가 열렸고 이 위령제 참가자 중 10명이 조어도에 상륙한 것이다. 상륙을 감행한 동기는 홍콩 시민 활동가의 불법 입국을 일본 국민으로서 용서할 수 없다는 이유에서였다.[95] 일본 경찰은 출입이 제한된 지역에 들어갔다는 이유로 이들에게 경범죄 위반 혐의를 적용하여 조사를 진행하였다.[96] 이에 항의하여 중국 내에서는 센카쿠

화사회는 중국발전을 위한 하나의 모델로서 중국이 당면한 경제, 환경, 사회적 문제들에 대한 종합적 처방으로 제시된 것이다.

94 안기련, 「무역전쟁으로 확대되는 중·일 영토분쟁」, KDI 경제정보센터, 2012년 10월호. 2012년 9월 11일 일본 내각은 중국과 영유권 분쟁 중인 센카쿠(댜오위 다오)열도를 20억 5천만 엔의 예산을 들여 매입하겠다고 밝혔다.

95 홍콩 활동가의 불법 입국이란, 지난 8월 15일 센카쿠 열도의 중국 영유권을 주장하는 홍콩의 시민 활동가 15명이 조어도에 상륙한 사건을 말한다. 일본 정부는 이들 홍콩인을 불법 입국 혐의로 체포해 본국으로 강제 송환하였다. 그 이전인 2010년 9월에 센카쿠 열도 부근에서 중국 어선과 일본 순시선이 충돌하였다. 이에 중국이 일본의 첨단 제품을 뒷받침하는 핵심 소재인 희토류의 대일 수출규제를 나선 바 있다. 그러나 이러한 중국 정부의 제재는 오히려 중국산업에 역으로 해를 끼치는 결과를 빚었던 사실이 있다.

96 일본 국회의원 대표 8명은 일본 정부에 사전 허가를 신청하였으나, 정부 관계자 이

열도를 둘러싼 반일 데모가 급속하게 번지게 되었다. 광동성 선전과 저장성 항저우 등 최소 20개 도시 이상에서 반일 데모가 잇따라 발생하였다.[97]

중일의 역사 문제인 댜오위다오 사건으로 반일감정이 표면화되면서 '일본제품 구매 반대' 운동이 시작되었다. 심지어 중국 거주 일본인의 개인 신변에 위협을 느끼게 되어, 반일 시위 격화로 베이징과 상하이를 비롯한 중국 대도시에 위치한 일본인 학교의 대부분이 휴교령을 내리기까지 하였다. 9월 18일은 일본이 중국 만주 지방을 침략한 '만주사변' 81주년이 되는 날이어서, 18일을 기점으로 중국의 반일 시위는 더욱 고조될 조짐까지 보였다.[98] 분노한 중국인의 일본 제품 보이콧에 관한 감정적 표출의 예를 몇 가지를 살펴보면 다음과 같다.[99]

> 댜오위다오 섬을 사수하라 **일본의 목적은 전쟁**이다. 일본을 타도하자! 지구에서 그들을 제거하자 !

> 댜오위다오 섬은 중국의 것이다. 주권과 영토 문제에 관해 중국 사람들은 쉽게 물러서지 않을 것이다. 인민들은 아무 일 없다는 듯이 좌시하지 않을 것이다. 중국을 해치려고 하는 자들은 **그들이 아무리 멀리 있어도 끝장을 낼** 것이다.

> 댜오위다오 섬은 우리 것이다! 일본 상품 보이콧을 지지한다. 어떤

외의 인물이 상륙하면 섬의 평온과 안정에 영향을 끼칠 우려가 있다고 하여 신청을 거부한 바가 있다.

97 Ahnsamo, 「일본 의원들 조어도 상륙, 중국 반일 데모 확산」, 2012년 8월 20일, https://www.ahnsamo.kr/lifestory/248272 (검색일: 2022. 11. 5). 마이니치 신문에 의하면 광동성 전전 시에서는 약 2,000여 명이 '타도 일본 제국주의', '일본 제품을 보이콧 하자' 등의 플래카드를 들고 데모가 진행되었다.

98 베이징 일본 대사관의 한 관계자는 만주사변 81주년을 앞두고 중국내 일본인에게 "큰소리로 일본어를 사용하지 말도록" 당부하였다.

99 Miao Feng, "Chinese Cyber-nationalism: The 2012 Diaoyu Island Dispute on Sina Weibo", pp. 100~110.

보상이 없어도 이것은 우리의 책임이다. 일본은 지금 중국에, 특히 중국 시장에 엄청나게 의존하고 있다. 수천 개의 일본 기업은 중국인이 한 달만 일본 제품을 사지 않으면 죽고 말 것이다. 만약에 **일 년만 가게 되면 일본 경제는 폭망**할 것이다.

이에 대해 베이징 공안국은 중국판 X옛 Twitter인 웨이보Weibo, 微博를 통해 "이성적 항의에 나설 것"을 촉구하며 "타인의 합법적 권리를 침해하는 행동은 피하기 바란다"라고 경고 하였다. 중국 정부와 각계 인사들도 이성적인 반일 행위를 하도록 강조하였다. 중국의 네티즌 중에서 중국의 경제가 일본과 밀접히 연계되어 있기 때문에, 일본 제품 불매 운동은 단지 중국경제에 해害가 될 뿐이라고 지적하였다. 나아가 일본기업 및 공장의 중국인 일자리 상실을 가져올 뿐이라고 자제할 것을 촉구하기도 하였다. 중국 웨이보에 나타난 일본 제품 반대 운동에 반대하는 댓글도 있었다.[100]

나는 평화적으로 시위하는 사람들을 이해하고 지지한다. 시민들은 그들의 감정을 표출할 권리가 있다. 그러나 항의할 때 공격적인 행동은 멈춰야 한다. 몇몇 사람들이 일본 산 자동차를 부수고, 일본 식당들을 파괴했다. **이들이 진정 애국자이냐고 나는 묻고 싶다.**

나는 일본 상품 보이콧이 단순히 슬로건 그 이상의 것이라고 생각한다. 우리는 일상생활에 일본 상품을 사용해야 한다. TV 세트, 모바일 폰, 그리고 다른 디지털 제품은 일본산이다. **이런 나라를 보이콧 하는 것은 불가능하다.**

이 사건과 관련하여 일본 기업의 중국 현지 법인의 매출액 통계(일본 경제산업성)에 의하면, 2012년 하반기에 일본 기업의 매출이 급감한 후 2013년

---

100 *Weibo*, 2012. 8. 21.

〈그림 5-2〉 일본 대중수출 및 직접투자 감소 추이

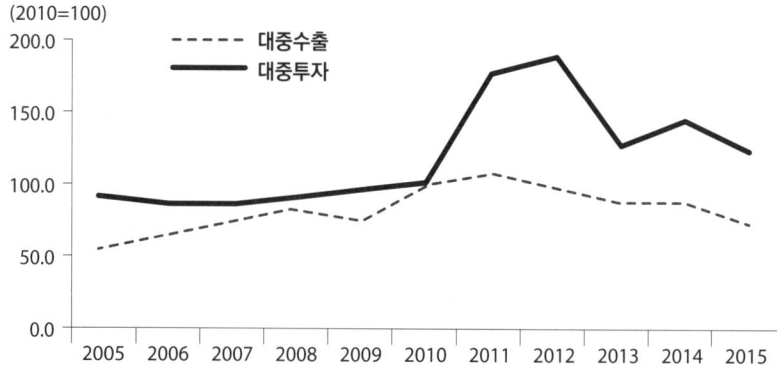

* 주: 미국 달러화 금액 실적을 기준으로 산출.
** 자료: 일본 재무성(JETRO).

에 들어서 급속히 회복하는 모양새를 보였다. 하지만 외관상 반일 데모를 계기로 〈그림 5-2〉[101]를 보면, 본 쟁점의 영향이 단기적인 것으로 그칠 것으로 예상하였다. 하지만 일본기업이 중국정부 및 중국 비즈니스 환경을 보는 시각에 근본적 변화를 가져오는 계기가 엿보였다. 2013년을 기점으로, 일본 기업의 대중투자가 둔화되는 흐름이 나타났다. 일본은 이제 중국 이외에 아시아의 성장 신흥국을 개척하기 위해 '넥스트 차이나', 혹은 '차이나 플러스 원'이라는 구호에 초점을 두는 조짐이 보였다.

점차 일본기업은 동남아, 인도에 관한 관심을 높이며 베트남, 미얀마 등 차세대 유망 국가에 대한 투자를 가속화하였다. 중국 소비자들의 일본 제품에 대한 이미지도 그 전에 비해 악화되어 급기야 대중 수출 1위국의 자리를 한국에 넘겨주는 상황에 이르게 되었다.[102] 일본 상품 불매 운동과 관

---

101 이지평, 「중국의 2012 반일 데모의 파장을 돌이켜 보면」, 『국가미래연구원 News Insight』, 2017년 3월 20일, https://www.ifs.or.kr/bbs/board.php?bo_table=News&wr_id=448 (검색일: 2022. 11. 4)에서 재인용.
102 이지평, 「중국의 2012 반일 데모의 파장을 돌이켜 보면」.

련한 사태에 관해서 중앙일보의 댓글의 내용 중에 반중적인 감정 표출의 몇 가지 예시를 보면 다음과 같다.[103]

sons****
이 땅의 개돼지들이 제 정신 찾아간다는 반가운 소식이다. 명심해라 저 더러운 짱개는 우리의 5천 년 원수고 6·25 때 중공군으로 우리나라 통일을 막은 **지구 최대의 적**이란 걸 한시도 잊어서는 안 된다.

moml****
그렇지 않아요. 미국과 일본은 그래도 언론 사상의 자유가 있어 말이 어느 정도 통하지만, 중국은 그렇지 않아요. 반중감정도 없으면 안 하무인입니다. 거기다 친중민주당까지. 그나마 **국민들이 정신 똑바로 차려서 천만다행**이에요.

lwh3***
일본은 자기보다 우월한 상대를 만나면 배우고 머리 굽혀 인정할 줄 아는 국민성이 있는 것 같다. 중국은 남의 기술 벗겨 먹고, 알몸으로 만든 김치 팔아먹고, 자국에서 분유를 먹고 죽어도… 최소한의 기본 관념조차 없고 지켜지지 않는 더럽고 오만한 남 깔보다 망할 민족성이다! **북한과 더불어 공산주의는 속히 사라져야 할 인류의 적이다.**

1074****
서울대 도서관에 시진핑 부부가 앉았던 의자가 보물처럼 전시되고 있다… **중화사대주의의 상징이다. 당장 치워라.**

반면에 중국의 반일 상품 보이콧과 관련하여 반일적인 감정 표출에 동의하는 한국 네티즌의 댓글도 눈에 띄었다.[104]

---

103 『중앙일보』, 2021년 5월 19일 인터넷 사이트 및 댓글.
104 Ahnsamo, 2012년 8월 20일. Ahnsamo는 개인 블로그이다.

유대위***
일본하고 중국하고 한판 붙었으면 좋겠어요. 어부지리 좀 하게

솔향***
동감입니다.
그 틈에 한반도가 통일된다면 더욱 좋겠습니다 ^^

솔향***
우리는 일본 제품 보이콧 운동 안 하나?
짱개도 하는데~
우리도 일본 제품 사지 맙시다. 일본 넘 때문에 무역 저자가 얼만데
일본 여행 자세 합시다- 일본 넘들이 우리 여행사에 협박한다네요.
스스로 알아서 애국합시다. 작은 것부터

2022년 7월에 일본의 아베 신조安倍晋三 총리의 선거 유세 중 총격에 의한
사망과 관련하여 웨이보에 반일감정이 표출되기도 하였다. 중국의 네티즌
들은 총을 쏜 자는 단순히 일본 역사에 남을 뿐만 아니라, "중국 역사책에
기억될" 것이고 이날은 '역사적인 날'이라고 명명하였다. 아베 총리는 중국
의 주요 국영 언론에 의해 "일본의 반중 정치인의 수장chief"으로 표현되기
도 하였다.[105]

최근 2021년 5월경에 중앙일보는 "일본보다 중국이 더 싫다" 등의 제하
로 한국 사회에서 전례없이 반중감정이 높아지고 있음을 보도하고 있다.

---

105 Manya Koetse, "Anti-Japanese Sentiments on Weibo after News of Shinzo
Abe getting Shot in Nara", *Weibo*, July 8, 2022. 아베 신조 수상의 죽음은 30분
이내에 중국의 네티슨들에 의해 2억 8천만의 소회수를 기록하였나. 대소석으로 중일
갈등 속에서 2022년 8월 24일 사망한 일본의 경영의 신 이나모리에 관해서 중국 정
부와 민간에서는 중일양국 우호와 교류 협력을 촉진하는 데 크게 공헌하였다고 하여
특별히 추모의 뜻을 표하였다. 중국공산당 기관지 인민일보 계열의 글로벌 타임즈
(Global Times)에서는 8월 30일 중국 소셜미디어에서 고인 이름의 조회수가 약 3억
1천만에 달할 정도로 화제가 되었다.

2021년 3월 말에 청와대 국민청원 게시판에 "강원도 차이나타운 신설을 철회해 주세요"라는 익명의 글이 한 계기가 되었다. 중국 자본과 문화침략에 굴복하여 일대일로의 전초기지를 세우려 한다는 시민단체들의 반대 시위가 이어졌다. 청와대 청원 찬성자는 한 달여 기간에 67만 명에 달하게 되었다.[106]

최근 한국 내의 반중감정은 조사 결과로도 입증되고 있다. 2013년 동아시아연구원EAI에서 일본과 중국에 대한 중요성과 호감도에 대한 비교 설문이 있었다. 일본과 중국 중 한국의 맹방이 될 가능성이 높은 국가에 관한 질문에 대해, 한국인의 응답은 일본이 25.2%, 중국 72.8%로 중국에 대해 더욱 친근감을 나타내었다. 2020년 기준으로는 일본에 '친근감을 느낀다'가 14.2%, 중국에 '친근감을 느낀다'가 24.4%로 나타났다. 하지만 최근 2022년과 2023년에 일본과 중국에 대한 호감도가 역전되었다. 일본에 친근감을 느낀다가 29.4%로 나타나 중국의 13.3%를 상회하고 있다.[107]

4. 소결론 : 한·중·일의 민족주의의 성격

새로운 미디어 매체인 인터넷 공간에서 한국, 중국 및 일본 간에 이전의 오프라인에서 볼 수 없었던 감정적·극단적인 배타적 민족주의가 빈번히

---

106 예영준, 「일본보다 중국이 더 싫다 중국과 엮이면 기업 이미지 타격」, 「중앙일보」, 2021년 5월 19일, https://www.joongang.co.kr/article/24061297#home (검색일: 2022. 10. 30) 당시 최문선 강원지사는 지역관광 진흥을 위해 민자 주도로 이뤄지는 사업이며 중국의 문화침략과는 무관한 것이라고 팩트를 들어 반론하였으나, 여론은 돌아서지 않았다. 청와대 게시판에는 강원도 정동진과 경기도 포천에 추진 중인 '차이나타운' 건립 계획을 취소해 달라는 청원도 올라왔다. 반중감정은 방송가에서도 나타나 2021년 4월 중국풍 소품과 의상 등을 사용한다는 이유로 SBS 드라마 〈조선구마사〉가 조기 하차하기에 이르렀다.

107 동아시아연구원(EAI), 「한국과 일본의 주변국 인식과 상호인식의 변화(2013-2023)」, 워킹페이퍼, 2023년 12월 27일.

재현되고 있다. 일본과 중국에서 혐한嫌韓과 반한정서가 인터넷상에 분출될 때, 그것은 단순히 감정적·정서적 혐한을 넘어서 강한 정치적 서사의 성격으로 확장되기도 한다.

중국의 민족주의는 엘리트-네티즌 간에 포퓰리즘적 제휴의 성격에 의해 강한 일체감을 갖는, 다분히 '이념' 지향적 민족주의이다. 이에 비해 한일의 경우는 엘리트-네티즌(대중) 간에 일체감이 상대적으로 낮은 '현상'으로서의 민족주의로 볼 수 있다.

2008년의 베이징 하계올림픽을 계기로 중국의 사이버 민족주의는 가장 활발하게 형성되는 계기를 맞이하게 되었다. 특히 티베트 자치구 쟁점으로 반미 Anti-CNN 혹은 프랑스 까르푸 제품 불매운동 등으로 나타났다. 또한 한중 간에 쇼트트랙 경기를 둘러싸고 '스포츠 내셔널리즘'의 갈등으로 비화하기까지 하였다.

반한류의 반응에 관해서, 일본은 시민사회의 자발적 혹은 자생적 반응이 일본 사회의 주류를 이루고 있다. 반면에 중국은 국가(정부)의 권위주의적 레짐의 성격으로 인해 '제도적' 주도의 성격을 띠고 있을 뿐만 아니라 동시에 정부와 시민사회가 묵시적 연대를 이루고 있다.

반한류의 아젠다가 쟁점화될 경우, 일본에서는 주로 시민사회의 영역에서 야기되는 문제로 국한되고 있다. 반면에 중국의 경우 국가와 네티즌의 암묵적 타협에 의한 항한류가 형성되고 있다. 특히 중국의 경우는 인터넷 매체가 정부에 의해 통제되기 때문에 그 대응의 반작용의 효능이 높고 부정적 태도 역시 강도 높게 나타나는 성향을 보인다.

행동주의activism의 방식에서도, 일본의 '혐한류'의 용어는 '정서적 차원'의 반감을 의미한다. 이와 대조적으로 중국의 '반한류', '항한류'는 단순히 한류에 대한 반감과 저항을 넘어서 중국 정부 차원의 '제도적 제약'까지 포함한다. 나아가 중국은 무엇보다 한류를 겨냥하여 소위 자국의 '문화안보' 차원에서 저항적인reactive 태도를 보이고 있다. 중국은 한류를 단순히 한국의 대중문화로 보기보다는, 한국문화, 한국상품, 한국적 생활방식 등을 포괄하는 문화, 경제, 사회를 반영하는 광범위한 현상으로 규정하고 대응하고 있다. 한국적 가치관과 정체성이 궁극적으로 중국 문화의 '정체성 위기'로 이어질 것을 경계한다는 점에서 일본의 혐한류와 질적 차이를 보인다.

혐한에 관한 중국 공세의 다른 측면은, 중국에 의해 조장되는 '기억의 오용' 혹은 '과거(역사)의 과잉'으로 비치는 경우가 빈번하다. 양국 간에 특히 문화·역사 쟁점과 관련하여 편향적인 '경계짓기bordering'의 성격 때문에 사이버 공간의 한중 갈등 양상이 최근까지 점차 심화되는 성향이 강하게 나타났다.

한·중·일 간의 민족적 갈등의 주요 국면은 2005년의 일본의 유엔 상임 이사국 진출에 관한 이슈이다. 일본은 역사 왜곡과 독도 영유권 문제 등으로 인접국인 중국과 한국의 반대에 부딪히게 되었다. 또한 2012년 일본의 센카쿠 열도 상륙 사건으로 급기야 중일 간 민족감정의 충돌로 일본 제품 불매 운동이 나타났다. 다른 한편으로 반일 불매 운동과 같은 감정적 고조에 관해 중국 네티즌들은 불매운동이 장기적으로 중국 경제 부문 등에 도움이 되지 않는다는 자제의 목소리를 내기도 하였다.

최근에 2022~2023년을 기해서 한국의 주변국 호감도 조사에서 한국 사회의 반중감정의 현저히 상승하고 있는 것으로 나타나고 있다. 중국보다 일본에 대한 우호감이 오히려 높게 나오기 시작하였다.

1990년대 이후 고조되었던 한국 사회의 동아시아 담론의 논쟁은 동아시아를 균질적인 시공간으로 인식하려는 지적 시도이었다. 역내 개별국가를 초월하려는 사유思惟인 동시에 실천으로 귀결되기를 바라는 언술이었다. 유럽공동체와 달리 한·중·일의 동아시아는 상호 간에 특히 집단 기억에 근거한 민족주의 속성이 서로 충돌하고 있어 '개個 국가 구심求心'의 성향이 여전히 강하게 나타나고 있다. 이러한 경향은 오프라인 보다 온라인 공간에서는 더욱 빈번히 과열될 소지를 안고 있다.

결론 및 시사점

본 글에서는 동아시아 국가 간에 형성된 과거의 '집단기억'과 관련하여 온라인 공간의 언술narratives에 근거한 인터넷 민족주의의 성격에 주목하고 자 하였다. 본 연구에서 한·중·일 간의 민족주의를 동아시아 '감정공동체'의 차원에서 온라인 공간의 민족주의의 성격으로 다시 조망해 보았다.

세계화 현상에서 기존의 시각은 민족이나 국가 및 문화권 간의 경계를 초월하여 국가들이 전 지구적 가치를 보편적으로 공유하게 될 것으로 예상하였다. 하지만 실제로 온라인 공간의 민족주의는 세계화 현상이 전제하는 테제와는 상반되는 역설적인 성격을 드러내고 있다. 한마디로 오프라인 민족주의에서 은폐되었던 언술과 담론들이 온라인 공간에서 심층적으로 표출되면서 민족주의는 현저한 확장성을 보이고 있다. 무엇보다 이것은 오프라인 민족주의와 인터넷 민족주의가 유기성을 갖고 있기 때문이다. 한마디로 탈영토적de-territorializing 사이버네이션cyber-nations들에 의해 사이버 공간상에서 민족주의의 '재영토화'가 일어나고 있다. 이러한 인터넷 민족주의는 기존 민족주의의 성격에 비해 빈번히 돌발성, 자발성, 이성과 비이성이 혼재된 '편협하고 배타적인' 속성을 드러내기 까지 한다.

올슨Olson의 논리에 의하면, 인터넷의 용이한 접근성 때문에 개인(들) 수준에서 집단 참여 비용이 절감하게 되면서 공간적·시간적·물리적 차원에서 집단의 조직화 비용이 상대적으로 낮아지게 되었다. 이로 인해 이전에 비해 수많은 무임승차자free-riders의 등장이 가능해져, 과거 다른 유형의 집합행동에 비해 훨씬 쉽게 인터넷상의 집단형성이 가능케 되었다. 이에 따라 집단극화group polarization의 형태로 집합적 민족감정의 표출 혹은 집합 행동의 동원화가 쉽고 신속해졌다. 그런 만큼 이전에 비해 민족주의의 영향력도 비례적으로 증폭하게 되었다.

최근 동아시아 국가 간의 역사 인식과 해석, 영토 갈등을 둘러싼 쟁점이 점차 고조되고 심화되어 왔다. 역사적·사회적 공간인 동아시아의 한국·일본·중국의 3개국 간 민족주의 갈등의 기저에는 '역사' 전쟁과 '기억' 전쟁이 여전히 주요한 요인으로 작용하고 있다. 이들 동아시아 국가 간에는 영토, 역사, 사회 및 문화 영역을 둘러싸고 빈번히 '기억의 과잉' 혹은 '과거의 과잉'으로 비화하여 다른 국제사회 —예로 EU— 와는 다른 특이한 갈등 양상을 보이고 있다. 특히 동아시아의 한·중·일간의 '집단기억'을 근거로 온라인 공간 네티즌의 행태는 —다양성을 수용하는 성숙한 시민이라기보다는— 상호 대결적인 감정 기반의 '민족의 상상emotionally imagined nations'이 강화(회귀)되는 양상이 더욱 뚜렷해지고 있다.

1990년대 이후 사이버 민족주의에 관한 한 '중국 변수'는 동아시아 민족주의 갈등을 주도하는 잠재적 허브dormant hub로 작용해 왔다. 동아시아 역내에서 탈냉전 이후 중국 민족주의 부침浮沈의 과정은 역내域內 '온라인 민족주의'에 예기치 않은 반작용으로 기능해 왔다. 특히 '감정 레짐'의 성격에 의해 온라인 공간의 민족주의의 표출에는 한·중·일 간에 잠재되어 있는 역사 서사narratives 및 사회언어 등의 기제가 자주 동원되곤 하였다.

특히 동아시아 역내의 '기억의 정치'는 '민족적' 혹은 '국가적' 서사와 담론을 동반할 때 더욱 심화되었다. 나아가 개별 국가 내에서 위계적으로 가장 주요하게 간주하는 '우위 정체성'을 둘러싼 국가 간 갈등은 역사 전쟁의 형식으로 첨예화되어 반복적으로 나타나고 있다. 때론 이런 갈등은 상상력을 초월하는 파급효과를 보이며 국가 간 감성(감정)의 심각한 갈등을 야기하는 '대항기억'을 불러일으켰다. 그 이유는 기억의 속성이란 특정 집단 —민족, 종족 혹은 개인 또는 국가이든— 에 의해 '의도적으로' 재구성될 경우에 그 기억은 불가피하게 '권력적' 성격까지 띠게 마련이다.

기본적으로 한일 간에는 '배타적' 민족주의의 성격이 깔려 있다고 상정할 수 있다. 반면에 중국의 민족주의는 타자others —한국 및 일본— 를 향한 '공세적assertive 민족주의'의 성격을 보여 왔다. 더구나 중국의 경우, 대중민족주의와 국가주도 관변민족주 간에 접합 —때론 갈등으로 나타나지만— 의 성격을 띠는 "제도적 중층화institutional layering"로 이어지곤 한다. 이럴 경우 인터넷 기억공간은 빈번히 중국의 '역사행동주의history activism' — 혹은 기억행동주의memory activism— 가 발현되는 공간의 속성을 드러내고 있다. 중국에서는 엘리트-네티즌 간에 '포퓰리즘적 제휴'에 의해 강한 일체감을 보이는 '이념'으로서의 민족주의 성격이 나타나고 있다. 반면에, 한일 간은 엘리트-네티즌(대중) 간의 제휴가 상대적으로 약한 경우여서 '현상'으로서의 민족주의의 속성을 보인다.

중국의 민족주의를 파악하기 위해, 근대 시기에 중국이 경험한 역사적 단절이나 회복을 겪은 '좌절된 민족주의'에 주목할 필요가 있다. 이런 배경 때문에 중국의 부상浮上에 따라 "미국 및 서구에 대한 적대적 저항 담론"이 급속히 형성되기 시작하였다. 이와 함께 중국의 인터넷 민족주의 현상이 맞물리게 되면서, 인터넷 민족주의가 중층적으로 결합하게 되었다. 이런 맥락에서 중국의 '공세적assertive 민족주의'의 성향은 더욱 가속화되거나 급진화되었다.

이에 비해 한국과 일본의 민족주의는 중국의 그것에 비해 기존 오프라인 민족주의 속성이 '상대적으로 이미 안정화(제도화)된' 상태였다. 따라서 한일 양국의 온라인상의 민족주의의 부침은 중국에 비교할 때 그렇게 뚜렷한 민족주의의 심화로 이어지고 있지는 않다. 한일의 경우에 비해 훨씬, 중국의 민족주의 형성의 '인식의 틀'은 선형적linear 변화를 겪은 것이라기보다는 단절과 연속의 과정을 겪은 사례이다. 이런 배경하에 동아시아의 사이버 민족주의의 형성 과정에서 무엇보다 중국 사례의 주요 특징의 하나는 반작용적reactive 행동주의의 성격을 띠게 된 것이다. 중국 정권의 특성상 '인공물artifact로서의 민족주의' 형성에 행위자agent —국가 및 대중— 의 '의도적 혹은 제도적' 개입이 뚜렷한 속성을 드러내고 있다. 구조적 측면에서 중국의 민족주의는 온라인 민족주의의 형성 요인이나 후속적 영향력에 있어서 '잠복된 소용돌이dormant voltex' 혹은 '동력의 허브dynamic hub'로서 작동하고 있다. 더욱이 한국과 일본에 비해, 중국은 '관변민족주의'의 성향이 강하여, 인터넷 기제에 관해 중국공산당의 정치적·법적 통제 및 조작에 의한 관여가 상당히 높은 편이다. 나아가 대중민족주의와 국가주도 관변민족주의 간에 갈등과 접합을 통해 인터넷 기억공간에서의 표출 방식이 '다중성multiplicity'을 띠는 경향이 강하게 나타난다. 이에 비해 한국·일본의 경우는 비교적 '단일체monolithic' 속성을 보이고 있다. 중국의 사이버 민족주의는 '사건주도적event-driven'이고 '사례민감성case-sensitive'의 성격이 강하다. 온라인상에서 중국 민족주의는 흔히 타자others에 대해 반작용적 혹은 우발적으로 대응하는 경우가 빈번하다.

탈냉전의 90년대 이후 21세기 초까지 한국발 동아시아 담론의 전제는 동아시아를 '균질적인' 시공간으로 보려는 인식모델이었다. 그럼에도 현실적으로 동아시아라는 개념은 실체가 없이 자귀字句로만 존재하는 '상상된' 동아시아라는 신화로 비쳐지고 있다. 동아시아 역내 국가 간에 각자의 이질적인 동아시아상像이 존재하고 있을 뿐이다. 여전히 현실적으로 아시아라는 '감성'조차 동아시아가 3국 간에 공유되지 못하고 있는 것이 현실이다.

반한류의 성격에 관해 살펴볼 때, 일본의 경우 시민사회의 '자발적' 혹은 '자생적' 반응이 주류를 이루고 있다. 이에 비해 중국의 대응은 국가(정부)의 권위주의 레짐에 의한 제도적 주도가 강하게 나타난다. 동시에 중국 정부와 시민사회가 암묵적 연대를 이루고 있는 경우로 볼 수 있다. 이에 비해 일본에서는 반한류의 아젠다가 쟁점화될 경우, 주로 시민사회의 영역에 국한되는 쟁점에 머무는 성향이 뚜렷한 편이다.

중국의 '행동주의'와는 달리 일본의 '혐한류'의 용어는 '정서적 차원'의 반감에 그치고 있다. 이에 반해 중국의 '반한류', '항한류'는 단순히 한류에 대한 반감과 저항을 넘어서 중국 정부 차원의 한류에 대한 '제도적 제약'을 의미할 때가 많다. 나아가 항한류와 연관된 중국의 문화안보 의식은 마치 중국의 '좌절된 민족주의'의 상흔이 현재로 빈번히 소환되는 것처럼 보인다.

한국인의 세대 간에 일본에 대한 혐오에 대한 기존 통념에 변화를 보이기 시작하였다. 2020년 이후 젊은 세대일수록 '반중反中정서'가 '반일감정'보다 더 뚜렷이 드러나는 의외의 현상이 나타나고 있다. 한국의 젊은 세대에게는 역사문제 등 전통적 인식보다 미세먼지, 감염병 등 당면한 삶의 위협을 더 중시하는 성향을 보이고 있다. 최근 2022~2023년 즈음하여 한국의 '2030세대'의 가치관에서 중국보다 일본에 대한 우호감이 높게 나오기 시작하였다. 한일 양국의 경우 국가(정부)가 민족 정서의 표출을 의도적으로 주도하지 않는다면, 양국 시민사회 간에는 집단기억에 의한 갈등이 잠재되어 있다 하더라도 상호 공감의 가능성도 점차 높아질 것으로 예상한다.

|저|자|후|기|

오랜만에 공저가 아닌 단독 저서를 내게 되었다. 이번 출간의 작은 바램은, 동아시아 국가의 '집단기억'과 '민족주의' 그리고 '기억'과 '역사'의 관계를 다시 사유하는 계기가 되었으면 한다. 책의 부제副題를 〈탈경계 언술의 갈등과 공감〉으로 했다. '탈영토적de-territorializing' 대신에 '탈경계borderless'로 하기로 하였다. 언술言述은 narratives를 말한다.

출간 작업이 마무리되는 동안, 2024년 프랑스 올림픽도 막을 내리게 되었다. 이번 올림픽에서『총·활·검』이라는 메타퍼metaphor가 올림픽 종료까지 온 한국 미디어의 키워드가 되었다. 이 어휘는 문득 재러드 다이아몬드Jared Diamond의 책『총·균·쇠(guns, germs, and steel)』를 떠올리게 하였다.

프랑스는 유럽의 최고 문명국임을 자처할 만하다. 개인적으로는 최고의 박물관인 루브르보다 센강 옆 오르세 미술관(Musée d'Orsay)이 매우 인상 깊었다. 프랑스의 인상주의, 후기 인상주의 작품이 전시된 이 미술관에서 밀레Millet의 '만종'(晚鍾, L'Angelus)을 보았다. 어릴 때 미술책에서나 보던 작품을 직접 보게 된 것이다. 밀레의 생가가 있는 바르비종Barbizon도 가보았다.

본 연구와 관련하여 2차대전 중 프랑스의 비시 정권이 생각난다. 프랑스는 전후 나치 협력자들의 처벌에 가혹했다. 패전이라는 역대급(historic) 수치에 대한 프랑스의 '기억의 과잉', 혹은 '과거의 과잉 때문일지 모른다. 프랑스의 예술성이라는 선입견과는 달리, 역사적으로 프랑스의 집단적 자기표현은 격렬하고 거칠었다. 성 바르톨로메오 축일의 학살(1572년 가톨릭의 위그노 대학살 사건), 프랑스 혁명과 단두대, 그리고 현재의 프랑스의 갖가지 시위의 모습은 과거의 유산을 떠올린다.

전후 유럽국가들은 통합을 통해 민족주의나 타자를 향한 배타성을 극복하려 했다. 바야흐로 '유럽민족주의'라는 집단정체성도 나름 꽤 다져나온 셈이다. 이에 비해 동아시아는 다르다. 중국의 중원中原 관념에는 아시아란 '존재하지 않는' 그 무엇이다. 일본은 탈아脫亞를 선호한 반면, 한국(인)은 동아시아에 속해 있다는 어떤 '운명적' 강박관념이 서려 있는 듯하다. 무의식적인 통합의 염원이었는지, 1990년대부터 한동안 동아시아론(담론)은 인문학계 지식사회의 우세담론 행세를 하였다. 그러다 슬며시 떠나갔다.

다시 다이아몬드의 『총 균 쇠』의 얘기로 넘어가 보자. 2003년에 다이아몬드는 개정 증보판 〈2003 후기〉의 「〈총 균 쇠〉 그 후의 이야기」에서 꽤 흥미로운 논거를 제시하였다. 그는 '왜 유라시안 중에서 중국이나 다른 나라가 아닌 유럽이 팽창했는가'라는 질문에 관해 해답을 제시하고 있다. 즉 왜 중국은 세계를 정복하지 못했는가?

> 나는 '최적 분열 원칙'을 보았다. 궁극적인 지리적 요소로 인해 '중국은 일찍 통합'이 되었고 그 후 대부분의 기간 동안 통합을 유지한 반면, '유럽 대륙은 분열'이 되었다. 분열된 유럽은 박해받은 개혁자에게 피난처와 그 외의 지원책을 제공하고 각 나라 사이의 경쟁을 촉진

함으로써 기술, 과학, 자본주의 진보를 육성했지만, 통합된 중국은 그러지 못했다.[1]

　그의 논리라면, EU는 이제 시간상으로 뭔가 침체 국면으로 빠져들 조짐이 보일 때가 된 건 아닌가. 유로Euro의 등장은 세기적 쾌거였지만, 유럽은 언뜻 노쇠함 혹은 피로감이 엿보이기 시작한다. 어쩌면 한국, 일본, 중국 간의 민족주의 갈등과 부단한 견제가 오히려 발전의 추동력이 된 것은 아닌가. 세 나라 모두 이번 올림픽에서 오롯이 10위권에 들었다.

　파리 시앙스 포에 있을 때, 어느 모임에서 프랑스 여교수께서 유창한 한국말로 저자에게 "교수님 저 한국에 가고 싶어요"라고 했다. 순간 "왜요?" 했더니 "프랑스 외로워서 못 살겠어요!"라고 답했다. 주한 프랑스대사관에서 교육 담당관으로 꽤 오래 한국에 산 적이 있는 그 분에게 파리의 삶은 너무나 외로웠다. 영국, 독일 역시 '저녁이 없는 나라'이다. 전철 안에서 자정 가까이 수다 떨 수 있는 즐거운 공간을 가진 나라는 한국밖에 없다. 영국, 프랑스, 독일의 ─상상을 넘는 비싼─ 수돗물값, 전기세, 교통비는 이들 국가의 주요 복지 재원이다. 일정 연령 노인들에게 무임 전철 카드를 발급하는 것은 한국에서만 상상할 수 있는 실제이다. 비유컨대 공공요금에서 한국인은 매월 몇십만 원의 정부지원금을 받는 셈이다. 누가 이 나라를 '헬 조선'이라고 그랬을까.

1　Jared Diamond, 김진준, 『총, 균, 쇠: 무기 병균 금속은 인류의 문명을 어떻게 바꿨는가』, 문학사상사, 2018, 660~661쪽.

|참|고|문|헌|

1. 국내문헌

[저서]

길윤형, 『신냉전 한일전』, 생각의 힘, 2021.

김두진·조진구, 「중국 반한류의 성격과 정치경제적 파장」, 김은기 외, 『한류와 역류: 문화외교의 가능성과 한계』, 한국학중앙연구원 출판부, 2020.

김석우, 『국제정치경제의 이해: 역사, 이념 그리고 이슈』, 한울, 2008.

김정수 외, 「탈바꿈의 문화행정」, 한국국제문화교류진흥원 편, 『한류에서 교류로』, KOFICE, 2020.

노병호, 「일본의 민족주의와 한국, 중국과의 갈등」, 동북아역사재단 한일역사문제연구소 편, 『탈냉전기 동아시아의 민족주의 갈등과 해결』, 동북아역사재단, 2018.

류 하이룽, 김태연 외 역, 『아이돌이된 국가: 중국 인터넷 문화와 팬덤민족주의』, 갈무리, 2022.

박유하, 『제국의 위안부』, 뿌리와 이파리, 2015.

백영서, 『사회인문학의 길: 제도로서의 학문, 운동으로서의 학문』, 창비, 2014.

백지운, 「일국적 과거와 초국적 기억: 하루끼 현상의 동아시아적 의미」, 최원식 외, 『교차하는 텍스트, 동아시아』, 창비, 2008.

야스다 고이치(安田浩一), 김현욱 역, 『거리로 나온 넷우익』, 후마니타스, 2013.

야스다 고이치·야마모토 이치로·나카가와 준이치로, 최석완·임명수 역, 『일본 넷우이이 모순』, 어문학사, 2015.

오고노키 마사오, 「국제시스템의 변천과 한일관계: 이론 정책을 중심으로」, 박철희 편, 『한일관계 50년: 비교사적 이해』, 대한민국 역사박물관, 2016.

오구라 기조(小倉紀藏), 한정선 역, 『일본의 혐한파는 무엇을 주장하는가』, 제이앤씨, 2015.

오현석, 「일본의 한류 현상 이해하기: 셀레브리티 현상을 통한 내셔널리즘의 구축」, 오현석 외, 『세계 속의 한류: 국적과 영역을 초월한 융합문화로서의 한류』, 역락, 2022.

왕샤오둥, 「서양은 중국의 분노를 직시해야 한다」, 쑹샤오쥔 외, 김태성 역, 『앵그리 차이나』, 21세기북스, 2009.

윤여일, 『동아시아 담론: 1990~2000년대 한국 사상계의 한 단면』, 돌베개, 2016.

윤해동, 『트랜스내셔널 역사학과 식민지근대』, 책과함께, 2018.

은용수, 「국가의 집단감정 발생 메커니즘: 동아시아 외교정책과 주권연구에 주는 함의」, 전재성 편, 『동아시아 지역질서 이론』, 사회평론아카데미, 2018.

은용수·용채용, 「국제정치학 감정연구의 쟁점, 함의, 그리고 향배」, 은용수 편, 『감정의 세계, 정치』, 사회평론아카데미, 2018.

이석구, 『제국과 민족국가 사이에서: 탈식민 시대 영어권 문화 다시 읽기』, 한길사, 2011.

임대근, 「중국 한류 체증의 돌파구, 어디에 있나」, 한국국제문화교류진흥원 편, 『한류, 다음』, 한국국제문화교류진흥원, 2019.

임지현, 「전유된 기억의 복원을 위하여」, 『기억과 역사의 투쟁』 당대비평특별호, 삼인, 2002.

장용호, 『사이버 공동체 형성의 역동적 모형』, 집문당, 2002.

전병곤, 『중국의 동북공정과 우리의 대응책』, 통일연구원, 2004.

전재호, 「한국과 중국 및 일본의 민족주의 갈등」, 동북아역사재단 한일역사문제연구소, 『탈냉전기 동아시아의 민족주의 갈등과 해결』, 동북아재단, 2018.

전진성, 『역사가 기억을 말하다』, 청아문화사, 2005.

정윤넨, 송병철 역, 『21세기는 중국의 시대인가: 민족주의, 정체성 그리고 국제관계』, 문화발전소, 2005.

정재호, 「중국 외교정책의 변화와 지속성」, 먼홍화·푸샤오위 편, 『세계, 중국의 길을 묻다: 전 세계 싱크탱크가 본 중국』, 성균관대학교 출판부, 2014.

조진구, 「일본의 한류와 혐한」, 김은기 외, 『한류와 역류: 문화외교의 가능성과 한계』, 한국학중앙연구원 출판부, 2020.

조희정, 「온라인 공간의 한·중·일 민족주의 갈등과 탈민족주의」, 동북아역사재단 한일역사문제연구소 편, 『탈냉전기 동아시아의 민족주의 갈등과 해결』, 동북아역사재단, 2018.

Anderson, Benedict, 윤형숙 역, 『상상의 공동체: 민족주의의기원과 전파에 대한 성찰』, 나남, 2002.

Breen, Michael, 장영재 역, 『한국, 한국인』, 실레북스, 2019.

Nora, Pierre et al., 김인중 외, 『기억의 장소』, 나남, 2010.

North, Douglass C., 조석곤 역, 『경제변화 과정에 관한 새로운 이해』, 해남, 2007.

Olick, Jeffrey K., 강경아 역, 『기억의 지도』, 옥당, 2011.

Schmid, Andre, 정여울 역, 『제국 그 사이의 한국』, 휴머니스트, 2002.

Tocqueville, Alex de, 이용재 역, 『아메리카의 민주주의 I, II』, 아카넷, 2018.

[논문]

강기철, 「일본 혐한 현상에 대한 비판적 분석」, 『일본문화학보』 85, 2020.

강정인, 「책 머리에」, 동북아역사재단 한일역사문제연구소 편, 『탈냉전기 동아시아의 민족주의 갈등과 해결』, 동북아역사재단, 2018.

강준만, 「왜 대중은 반지성주의에 매료되는가?: 설득 커뮤니케이션의 관점에서 본 반지성주의」, 『정치정보연구』 22(1), 2019.

공봉진, 「중국 '신시대(新時代) 애국주의'에 관한 연구: '신시대 애국주의교육'을 중심으로」, 『국제정치연구』 22(4), 2019.

국회입법조사처, 「일본 내 혐한 현황과 우리의 대응과제」, 『의회 외교동향과 분석』, 2020.

권윤경, 「프랑스의 2차대전 점령기 및 비시(Vichy) 정권의 기억에 관한 논쟁 (1944~현재)」, 『주요선진국 역사논쟁 사례연구 결과 보고서』, 대한민국 역사박물관, 2013.

김두진·허인혜, 「동아시아론의 변용(變容)과 지적 계보의 재조명: 학제 논쟁의 유형과 궤적 분석」, 『국제정치연구』 25(2), 2022.

김영남, 「중국 외교정책 추진과정에서 인터넷 민족주의의 역할: 한국의 사드 배치 결정을 중심으로」, 고려대학교 석사학위논문, 2019.

김유석, 「인터넷 공간의 집합적 적의 표출: '개똥녀' 사례에 대한 Q-방법론의 적용」, 『커뮤니케이션과학』 24, 2005.

김은경, 「일본군 '위안부' 기념관의 '위안부' 재현과 기억정치」, 『한국학연구』 35, 2010.

김은미·임소영·박현아, 「관계적 커뮤니케이션으로서의 뉴스 공유: 자기제시 성향과 뉴스 공유 대상의 특성을 중심으로」, 『한국방송학보』 31(3), 2017.

김응종, 「피에르 노라의 기억의 장소에 나타난 기억의 개념」, 『프랑스사 연구』 24, 2011.

김종길, 「사이버공론장의 분화와 숙의민주주의의 조건」, 『한국사회학』 39(2), 2005.

김효진, 「기호(嗜好)로서의 혐한(嫌韓)과 혐중(嫌中): 일본 넷우익과 내셔널리즘」, 『일본학연구』 33, 2011.

김홍렬, 「김치 종주국 논란의 배경과 진실, 그리고 대응 방안: 김치의 탄생과 변화 과정 및 독특성 중심으로」, 『한국식생활문화학회지』 36(3), 2021.

김희정, 「역사적 사실을 부인하는 행위에 대한 제재 법률의 헌법적 정당성」, 『고려법학』 67, 2012.

나은영, 「인터넷 커뮤니케이션: 익명성, 상호작용성 및 집단극화(極化)를 중심으로」, 『커뮤니케이션 이론』 2(1), 2006.

나은영·차유리, 「인터넷 집단극화를 결정하는 요인들: 공론장 익명성과 네트워크 군중성 및 개인적, 문화적 요인을 중심으로」, 『한국심리학회지: 사회 및 성격』 26(1), 2012.

노윤선, 「1990~1999년 일본 일간지의 혐한 담론 표상 방식」, 『일본근대학 연구』 72, 2021.

다이진화, 김정수 역, 「역사와 기억, 그리고 재현의 정치」, 『문화과학』 79, 2014.

동아시아연구원(EAI), 「한국과 일본의 주변국 인식과 상호인식의 변화 (2013-2023)」, 워킹페이퍼, 2023년 12월 27일.

류석진, 「디지털 기억공간에서 민족주의가 발현되는 방식에 대한 연구: 한중일 네티즌의 갈등사례와 정체성을 중심으로」, 『민족연구』 75, 2020.

류석진·조희정, 「온라인 공간의 민족주의적 갈등에 대한 연구: 게시판과 동영상 UCC를 중심으로」, 『사이버커뮤니케이션학보』 25(4), 2008.

민병원, 「감정의 국제정치이론을 위한 시론: 동아시아에 대한 적용 가능성의 탐색」, 『한국정치연구』 23(3), 2014.

박광희, 「21세기 중국 대중민족주의의 대두와 잠재력」, 『신아세아』 24(4), 2017.

박기철, 「중국의 '인터넷 민족주의'와 대외정책에 관한 연구: 사례와 영향」, 『중국학연구』 55, 2011.

박명희, 「일본 내 혐한(嫌韓)현상과 한국의 대응방향」, 『NARS 현안분석』 21, 2018.

박명희·최은봉, 「일본사회 혐한의 확산-자정의 담론구조와 한일관계의 부침」, 『일본연구논총』 50, 2019.

박수옥, 「일본의 혐한류와 미디어 내셔널리즘: 2ch와 일본 4대 일간지를 중심으로」, 『한국언론정보학보』 8, 2009.

박영배·박현지, 「인터넷을 통해 나타난 한국과 일본의 민족주의 특성 및 해소방안」, 『일본근대학연구』 53, 2016.

박정수, 「세계화와 민족주의의 문화갈등: 한중(韓中)간 한류와 반한류의 사례분석」, 『중소연구』 37(1), 2013.

박진우, 「여론 조사를 통해서 본 한일관계의 상호인식」, 『일본사상』 27, 2014.

박창호, 「인터넷의 매개적 상호작용으로서의 댓글의 찬성과 반대에 대한 분석」, 『담론』 16(2), 2013.

배덕현, 「사이버공간의 정의와 특징: 몇 가지 사례를 중심으로」, 『문화역사지리』 27(1), 2015.

백수경, 「한국과 대만의 중학교 역사교과서 비교 연구: "일제강점기" 서술 내용을 중심으로」, 이화여자대학교 교육대학원 석사학위논문, 2007.

백지운, 「전지구화 시대 중국의 '인터넷 민족주의'」, 『중국현대문학』 34, 2005.

서길완, 「기억, 트라우마, 증언: 토니 모리슨의 『빌러비드』와 『솔로몬의 노래』를 중심으로」, 건국대학교 박사학위논문, 2010.

서응교, 「온라인 커뮤니케이션에서 집단극화 현상에 영향을 미치는 요인에 관한 연구: 익명성 관점에서」, 『유통과학연구』 13(2), 2015.

석주희, 「한류와 '혐오': 청년세대(MZ세대)의 역설」, 『EAI 워킹 페이퍼 한일관계 세대분석-사회문화』, 2020.

손기영, 「기억되는 과거의 과잉」, 『아태연구』 24(2), 2017.

손영풍·김익기, 「중국 사회의 범(泛)정치화 현상과 '한한령'」, 『문화콘텐츠연구』 10, 2017.

송민수, 「한·일 넷우익 사이트와 혐한·반일 의식: 니찬네루·재특회와 디시인사이드·일베저장소를 중심으로」, 『영상문화콘텐츠연구』10, 2016.

신동규, 「홀로코스트 부정의 논리와 박유하의 『제국의위안부』: 비역사적 내러티브 구축을 통한 집단기억과 집단감정에 대한 도전」, 『사총』88, 2016.

안기련, 「무역전쟁으로 확대되는 중·일 영토분쟁」, KDI 경제정보센터, 2012년 10월호.

안병직, 「동아시아의 역사 갈등과 한국사회의 집단기억」, 『역사학보』197, 2008.

양기웅, 「한일관계와 역사갈등의 구성주의적 이해」, 『국제정치연구』17(2), 2014.

양니엔췬, 「동아시아란 무엇인가: 근대 이후 한중일의 아시아想像의 차이와 그 결과」, 『대동문화연구』50, 2005.

양선희, 「유튜브 저널리즘의 시대, 전통적 저널리즘의 대응현황과 과제」, 『사회과학연구』31(1), 2020.

양호환, 「집단기억, 역사의식, 역사교육」, 『역사교육』109, 2009.

왕 호, 「중국 사이버 민족주의의 태동과 변화: 수동적 반응에서 능동적 공세로의 전환」, 한양대학교 석사학위논문, 2017.

유네스코한국위원회·동북아역사재단, 「역사대화로 열어가는 동아시아 역사화해」, 동아시아 역사화해 국제포럼 〈보고서〉, 10월 9~10일 서울 세종호텔, 2007.

유용민, 「유튜브 저널리즘 현상 논쟁하기: 행동주의의 부상과 저널리즘의 새로운 탈경계화」, 『한국방송학보』33(6), 2019.

윤건차, 「최근 한일관계와 기억의 문제: 역사인식, 과거청산에 연관시켜」, 『문화과학』40, 2004.

윤경우, 「중국 사이버민족주의의 성격과 특징」, 『중국학논총』34, 2011.

이동률, 「중국 민족주의 고조의 대외관계 및 한중관계 영향」, 『중소연구』35(4), 2011/2012.

이동준, 「한일관계 보도 이대로 좋은가」, 『관훈저널』138, 2016.

이문기, 「중국 민족주의의 세 가지 특성과 국가 정체성: 역사적 제도주의 시각에서」, 『국제정치논총』54(3), 2014.

이민자, 「중국 온라인 공간의 주도권 쟁탈전: 국가─사회의 경쟁」, 『한국과 국제정치』20(4), 2004.

이민자, 「중국 정부의 인터넷 통제: 새장 속의 자유」, 『중소연구』 37(3), 2013.

이민자, 「중국 민족주의와 한국, 일본과의 갈등」, 동북아역사재단 한일역사문제 연구소 편, 『탈냉전기 동아시아의 민족주의 갈등과 해결』, 동북아역사재단, 2018a.

이민자, 「중국식 인터넷 문화: 민족주의 담론 분석」, 『현대중국연구』 20(2), 2018b.

이상국, 「상상의 공동체에서 네트워크 공동체로: 카렌족의 사례를 통한 베네딕트 앤더슨의 민족주의론 비판적 검토」, 『동아연구』 35(2), 2016.

이소영, 「기억의 규제와 '규제를 통한 기억하기'?: 홀로코스트 부정(Holocaust denial) 규제 법제와 사회적 기억의 구성」, 『법학연구』 21(4), 2013.

이소영, 「미국 유권자의 당파적 정체성과 정치적 부족주의」, 『대한정치학회보』 28(1), 2020.

이승원, 「팬덤 정치와 포퓰리즘: 대안적 정치문화를 위한 기획」, 『문화과학』 108, 2021.

이와사키 미노루·이타가키 류타, 정지영 역, 「기억으로 동아시아 생각하기: 동아시아 기억의 장 탐색」, 『역사비평』 2월호, 2013.

이욱연, 「한중수교 30년 문화갈등: 양상과 전개과정, 극복과제」, 『국제지역연구』 31(2), 2022.

이인미, 「감정과 정치: 백년 만에 타오르는 분노의 반일감정」, 『현상과 인식』 43(3), 2019.

이원경, 「일본 인터넷 민족주의의 전개와 한국에 대한 함의」, 『동아연구』 65, 2013.

이정남, 「천하에서 민족국가로: 중국의 근대민족주의의 형성 및 현재적 의의를 중심으로」, 『중소연구』 109, 2006.

이정훈, 「1990년대 중국의 민족주의 확산과 단행본 출판: NO 라고 말할 수 있는 중국과 앵그리 차이나의 사례를 중심으로」, 『인문과학연구논총』 38(3), 2017.

이종국, 「일본 보수정치인들의 역사인식과 역사적 관계」, 『동북아역사논총』 51, 2016.

이준웅, 「인터넷 공론장의 매개된 상호가시성과 담론 공중의 형성」, 『언론정보연구』 46(2), 2009.

이지한, 「한류를 바라보는 두 개의 시선: 한국의 문화산업과 중국의 문화안보」, 『중국어와문학』 65, 2018.

이홍규·하남석, 「중국의 온라인 민족주의와 한국의 대응: 디지털 공공외교 전략 방안을 중심으로」, 『동아연구』 33(2), 2014.

임지현, 「전지구적 기억공간과 희생자의식: 홀로코스트, 식민주의 제노사이드, 스탈린주의 테러의 기억은 어떻게 만나는가?」, 『대구사학』 125, 2016.

장미경·김순전, 「조선총독부 편찬 초등교과서에 표상된 대만: 지리 일본어 교과 서를 중심으로」, 『일본어교육』 82, 2017.

장우영, 「유튜브 정치동영상의 정치적 효과에 관한 시론적 연구: 21대 총선을 중심으로」, 『한국과 국제정치』 6(1), 2022.

전재호, 「한국의 반일(反日) 민족주의 연구: 담론의 변화와 특징」, 『한국과 국제 정치』 35(2), 2019.

전희락·오창우, 「중국 정부의 인터넷 규제 정책이 지니는 정치적 의미 연구」, 『정치커뮤니케이션 연구』 17, 2010.

정강산, 「기억의 과잉, 역사의 과소, 아디오스 프루스트: 프루스트적 시간론에 대한 비판적 시좌」, 『뉴 래디컬 리뷰』 82, 2019.

정연정, 「인터넷과 집단행동논리: 올슨(Olson)의 집단행동의 논리를 중심으로」, 『한국정치학회보』 36(1), 2002.

정종필·이장원, 「웨이보(微博)와 중국의 온라인 검열: 정보 통제와 대중 참여를 중심으로」, 『21세기정치학회보』 25(4), 2015.

조성환, 「세계화 시대의 동아시아 민족주의」, 『한국동양정치사상사연구』 5(1), 2006.

조진구, 「일본의 과거 역사인식과 야스쿠니신사 문제」, 『한국과 국제정치』 21(4), 2005.

최동성·최성은·최용준, 「인터넷 포털뉴스 댓글의 여론형성 과정과 특성에 관한 연구」, 『정치커뮤니케이션 연구』 8, 2008.

최영만, 「간도문제의 기원과 해결방안」, 『인문사회과학연구』 12(1), 2011.

최재식, 「익명성에 관한 철학적(현상학적) 고찰: 정체성의 기반으로서 익명성」, 『현상학과 현대철학』 11, 2000.

최태훈, 「환구시보가 촉발한 김치논쟁 비판적 담화분석: 기획된 문화전쟁 양상을 중심으로」, 『비교문화연구』 26, 2021.

최항섭, 「레비의 집단지성: 대중지성을 넘어 전문가지성의 가능성 모색」, 『사이버커뮤니케이션학보』 26(3), 2009.

한영균, 「일본 내 혐한류의 전개와 현황」, 『일본문화연구』 82, 2022.

허 진·원춘잉·류샤오화, 「중국 네티즌들의 반한 정서와 인터넷 민족주의 톈야논단을 중심으로」, 『지역과 커뮤니케이션』 17(4), 2013.

홍원식, 「동아시아 담론의 어제와 오늘」, 『오늘의 동양사상』 14, 2006.

홍정륜, 「강릉 단오제의 세계무형유산 등재 관련 한중 갈등의 발전적 전환과 응용」, 『현대중국연구』 23(3), 2021.

홍주현·이미나, 「유튜브에서 한국 관련 민족주의 이슈의 현저성에 따른 이슈 확산 네트워크 유형 연구: 네트워크에서 노드의 위치와 노드 간 관계를 중심으로」, 『한국언론학보』 58(3), 2014.

황성빈, 「넷우익과 반한류, 배외주의의 여론: 주요 언론의 담론 분석을 중심으로」, 『일본비평』 10, 2014.

황영주, 「집단 기억과 감정의 공간으로서 사회교과서: 한국과일본의 중학교 일반사회 국제정치영역 비교」, 『21세기정치학회보』 27(2), 2017.

[기타]

김경아, 「中共, CNN 발언 이용해 민족 감정 선동」, 『SOH 希望之聲』, 2008년 4월 17일, http://www.soundofhope.kr/bbs/board_view.php?bbs_code=bbsIdx2&num=15767 (검색일: 2022. 9. 29)

김미영, 「중국 네티즌의 힘 "일 UN안보리 진출 반대"」, 2005년 3월 25일, https://www.hani.co.kr/arti/politics/politics_general/20805.html (검색일: 2024. 2. 5).

김소연, 「'혐한 발언' 물의 DHC, 영향력 큰 거래처에만 '선택적 사과'」, 『한겨레』, 2021년 6월 14일, https://www.hani.co.kr/arti/international/japan/998056.html (검색일: 2022. 10. 22)

김윤종, 「한중일 '인터넷 삼국지'…'사이버 민족주의' 극성」, 『동아일보』, 2009년 9월 13일, https://www.donga.com/news/Culture/article/all/20060913/8350277/1(검색일: 2021. 10. 3).

김은경, 「中 "김치공정, 한국 피해망상…5000년 문화의 털끝에 불과"」, 『조선일보』, 2021년 1월 14일, https://www.chosun.com/international/china/2021/01/14/CJJAUWFQTVALNCZ3YRTPLQAP74/ (검색일: 2021. 2. 10).

김현미, 「욕망의 동시성」, 『한겨레』, 2001년 10월 30일, http://h21.hani.co.kr/arti/society/society_general/3740.html (검색일: 2022. 11. 2).

김호준, 「산케이 "옛 러시아 지도에 독도=일본령…韓 불법 점거" 또 억지」, 『연합뉴스』, 2021년 5월 23일, https://www.yna.co.kr/view/AKR20210523029700073 (검색일: 2022. 10. 3).

박 린, 「"中 네티즌·BTS아미 전쟁 번졌다" 외신도 우려한 편파판정」, 『중앙일보』, 2022년 2월 9일, https://www.joongang.co.kr/article/25046715#home (검색일: 2022. 10. 30).

변상근, 「국민정서가 뭐길래……」, 『중앙일보』, 1999년 7월 15일, https://news.joins.com/article/3799911 (검색일: 2020년 2월 16일).

서울신문, 「"한국인으로서 중국에 죄송"….SNS에 쏟아진 어색한 번역투의 사과 글」, 2022년 2월 14일, https://www.seoul.co.kr/news/newsView.php?id=20220214500008 (검색일: 2022. 10. 15).

신윤재, 「"한국, 신종 코로나로 혐중 패틱", 日 포털 잠식한 '혐한'」, 『매경』, 2020년 2월 8일, https://www.mk.co.kr/premium/special-report/view/2020/02/27712/ (검색일: 2022. 10. 5).

예영준, 「일본 보다 중국이 더 싫다 중국과 엮이면 기업 이미지 타격」, 『중앙일보』, 2021년 5월 19일, https://www.joongang.co.kr/article/24061297#home (검색일: 2022. 10. 30).

안성용, 「"작은 사건으로 한중관계 무너져선 안돼"…中 '자제모드'」, 『연합뉴스』, 2022년 2월 11일, https://www.nocutnews.co.kr/news/5705418 (검색일: 2022. 3. 28).

이다은, 「[서평] 국가를 덕질하기: 새롭게 등장한 중국의 팬덤 민족주의」, 『민중언론 참세상』, 2022년 7월 29일, http://m.newscham.net/news/view.php?board=news&nid=106807 (검색일: 2022. 9. 30).

이지평, 「중국의 2012 반일 데모의 파장을 돌이켜 보면」, 『국가미래연구원 News Insight』, 2017년 3월 20일, https://www.ifs.or.kr/bbs/board.php?bo_table=News&wr_id=448 (검색일: 2022. 11. 4).

이충재, 「국민정서법의 이중성」, 『한국일보』, 2019년 8월 27일, https://www.hankookilbo.com/News/Read/201908271518330309 (검색일: 2022. 9. 29)

정재정, 「한일 역사 과거, 현재....그리고 새로운 관계를 향하여」, 『대한민국정책브리핑』 2019년 9월 6일, https://www.korea.kr/news/policyNewsView.do?newsId=148864499 (검색일: 2023. 11. 5).

조영빈, 「'한국인, 日가장 혐오' 통념 깨진다...2030세대 "중이 더 싫다"」, 『한국일보』, 2021년 6월 14일, https://www.hankookilbo.com/News/Read/A2021061311510002670 (검색일: 2022. 10. 30).

해리스 미 대사, 「'한국, 김치 종주국' 트윗...中 겨냥했나」, 『뉴스 1』, 2020년 12월 10일, https://www.news1.kr/articles/?4146631 (검색일: 2022. 4. 6).

『동아일보』, 「한중일 '인터넷 삼국지'...'사이버 민족주의' 극성」, 2006년 9월 13일.

『동아일보』, 「한중일 누리꾼 넷셔널리즘 '막말 삼국지'」, 2008년 9월 25일, https://www.donga.com/news/Inter/article/all/20080322/8558322/1 (검색일: 2021. 3. 10).

『동아일보』, 「中 김치공정 맞서 NYT 김치광고」, 2021년 1월 20일, https://www.donga.com/news/article/all/20210120/105001133/1 (검색일: 2021. 2. 20).

『중앙일보』, 「중국 네티즌 '中華 민족주의'에 빠지다」, 2008년 4월 27일, https://news.joins.com/article/3126005 (검색일: 2021. 2. 10).

『중앙일보』, 「중국 '백두산 세리머니' 공항까지 쫓아와 강력항의」, 2007년 2월 1일, https://news.joins.com/article/2622965#none (검색일: 2021. 2. 11).

『한겨레』, 「조국 수석 동학혁명 '죽창가' SNS에 올려」, 2019년 7월 14일, https://www.hani.co.kr/arti/politics/bluehouse/901719.html(검색일: 2023. 4. 13).

데빌소울, 「방탄소년단(BTS) 활동 중단 일본 반응」, 2022, https://redevilsoul.tistory.com/4538 (검색일: 2022. 10. 22).

비비씨(BBC) 코리아, 「BTS '한국전쟁' 발언에 격앙하는 '중국 Z 세대'는 누구?」, 2020년 10월 13일, https://www.bbc.com/korean/news-54506944 (검색일: 2021. 2. 10).

야후재팬, 「BTS 방탄소년단 그래미 한국 최초 공연을 본 후기」, 2021년 3월 16일, https://myform.tistory.com/280 (검색일: 2022. 10. 22).

Ahnsamo, 「일본 의원들 조어도 상륙, 중국 반일 데모 확산」, 2012년 8월 20일, https://www.ahnsamo.kr/lifestory/248272 (검색일: 2022. 11. 5).

V.O.A., 「미국 내 중국인 유학생들 '서방세계, 중국에 대한 편견 갖고 있다' 불만 표시」, 2008년 4월 30일, https://www.voakorea.com/a/a-35-2008-04-30-voa23-91343014/1317843.html (검색일: 2021. 4. 8).

2. 국외문헌

Bleiker, Roland and Emma Hutchison, "Fear No More: Emotions and World Politics", *Review of International Studies*, 34, 2008.

Cha, Victor D., *Alignment Despite Antagonism: The United States-Korea-Japan Security Triangle*, Stanford University Press, 2000.

Chu, Rodney Wai-Chai and Chung-tai Chang, "Cultural convulsions: Examining the Chineseness of cyber China", in David Kurt Herold and Peter Marolt (eds) *Online Society in China: Creating, celebrating, and instrumentalising the online renewal*, London and New York: Routledge, 2011.

Chung, Jongpil, "Comparing Online Activities in China and South Korea", *Asian Survey*, 47(5), 2008.

Eriksen, Thomas Hylland, "Nations in cyberspace", short version of the 2006 Ernest Gellner lecture, delivered at the ASEAN conference, LSE 27 March, 2006.

Eriksen, Thomas Hylland, "Nationalism and the Internet", *Nations and Nationalism*, 13(1), 2007.

Fairbank John K., *China: A New History*, Cambridge, MA: The Belknap Press of Harvard University Press, 1992.

Feng, Miao, "Chinese Cyber-nationalism: The 2012 Diaoyu Island Dispute on Sina Weibo", Ph.D. Thesis, University of Illinois at Chicago, 2017.

Garaud, Oliver C., "The Impact of the Internet on Chinese Nationalism: The Emergence of Contentious Spaces on Line", M.A. Thesis, Georgetown University, 2014.

Halbwachs, Maurice, *On Collective Memory*, University of Chicago Press, 1992.

Hall, Todd H., *Emotional Diplomacy: Official Emotion on the International Stage*, Ithaca and London, Cornell University Press, 2015.

Hall, Todd H. and Andrew A. G. Ross, "Affective Politics after 9/11", *International Organizations*, 69, 2015.

Han, Rongbin, *Contesting Cyberspace in China: Online Expression and Authoritarian Resilience*, New York: Columbia University Press, 2018.

Han, Rongbin, "Cyber Nationalism and Regime Support under Xi Jinping: The Effects of the 2018 Constitutional Revision", *Journal of Contemporary China*, 30(131), 2021.

Hyun, Ki deuk, Jinhee Kim and Shaljing Sun, "New use, nationalism, and Internet use motivations as predictors of anti-Japanese political actions in China", *Asian Journal of Communication*, 24(6), 2014.

Isenberg, Daniel J., "Group Polarization: A Critical Review and Meta-Analysis", *Journal of Personality and Social Psychology*, 50(6), 1986.

Jiang, Ying, *Cyber-Nationalism in China: challenging western media portrayals of internet censorship in China*, North Terrace, University of Adelaide Press, 2012.

Kluver, Randy, "Globalization, Informatization, and Intercultural Communication", *American Communication Journal*, 3(3), 2000.

Koetse, Manya, "Anti-Japanese Sentiments on Weibo after News of Shinzo Abe getting Shot in Nara", *Weibo*, July 8, 2022.

Li, Hongmei, "Understanding Chinese nationalism: A historical perspective", in Hailong Liu (eds) *From Cyber-Nationalism to Fandom Nationalism*, London and New York: Routledge, 2019.

Li, Mingsheng, "Chinese Nationalism in an Unequal War", *China Media Research*, 5(5), 2009.

Liu, Hailong, "Love your nation the way you love an idlo: New media and the emergence of fandom nationalism", Hailong Liu (ed.) *From Cyber-Nationalism to Fandom Nationalism*, London and New York: Routledge, 2019a.

Liu, Hailong (ed.), *From Cyber-Nationalism to Fandom Nationalism*, London and New York: Routledge, 2019b.

Liu, Guoquiang, "Collective action as interaction ritual in cyberspace", in Hailong Liu (ed.). *From Cyber-Nationalism to Fandom Nationalism*, London and New York: Routledge, 2019.

Ma, Yiben, "Online Chinese nationalism: a competing discourse? A discourse analysis of Chinese media texts relating to the Beijing Olympic torch delay in Paris", *The Journal of International Communication*, 24(3), 2018.

Olson, Mancur, *The logic of collective action : public goods and the theory*, Cambridge, Mass. : Harvard University Press, 1971.

Pan, Yaling, "The "Two Americas' Dichotomy: Online Chinese Nationalism Toward the United States", in Simon Shen and Shaun Breslin (eds) *Online Chinese Nationalism and China's Bilateral Relations*, New York and Toronto: Lexington Books, 2010.

Park, Se Joon, "A Study on the Upsurge and Influencing Factors of Chinese Cyber Nationalism: Focusing on the relationship between South Korea and China" MA Thesis, Hankook University of Foreign Studies, 2011.

Pissarra, João and Jorge C. Jesuino, "Idea generation through computer-mediated communication: The effects of anonymity", *Journal of Managerial Psychology*, 20(3/4), 2005.

Pye, Lucian W., "How China's Nationalism Was Strengthened", *Australian Journal of Chinese Affairs*, 29, 1993.

Reddy, W. M., *The Navigation of Feeling: A Framework for the History of Emotions*, Cambridge and New York: Cambridge University Press, 2001.

Reilly, James, "China's History Activism and Sino-Japanese Relations", *China: An International Journal*, 4(2), 2006.

Ringmar, Erik, "Eugene Gendlin and the Feel of International Politics", in Maéva Clément and Eric Sanger, *Researching Emotions in International Relations: Methodological Perspectives on the Emotional Turn*, Cham: Palgrave Macmillan, 2018.

Roach, Steven C., "Affective values in international relations: Theorizing emotional actions and the value of resilience", *Politics*, 36(4), 2016.

Soffer, Oren, "The Internet and National Solidarity: A Theoretical Analysis", *Communication Theory*, 23(1), 2013.

Szulc, Lukasz, "Banal nationalism in the internet age: rethinking the relationship between nations, nationalisms and the media", in Michael Skey and Marco Antonsich (eds) *Evereyday Nationhood: Theorising Culture, Identity and Belonging after Banal Nationalism*, London: Palgrave Macmillan, 2017.

Thelen, Kathleen, "How Institutions Evolve: Insights from Comparative-Historical Analysis" in J. Mahoney and D. Rueschemeyer (eds), *Comparative Historical Analysis in the Social Sciences*, New York: Cambridge Unversity Press, 2003.

Wertsch, James V., *Voices of Collective Remembering*, Cambridge: Cambridge University Press, 2002.

Wu, Xu, *Chinese Cyber Nationalism: evolution, characteristics, and implications*, Lanham : Lexington Books, 2007.

Yang, Guobin, "Performing cyber-nationalism in twenty-first-century China : The case of Diba Expedition", in Hailong Liu (ed) *From Cyber-Nationalism to Fandom Nationalism*, London and New York: Routledge, 2019.

Yinan He, "Identity Politics and Foreign Policy: Taiwan's Relations with China and Japan 1895-2012", *Political Science Quarterly*, 129(3), 2014.

|찾|아|보|기|